歴史文化ライブラリー
61

捨《すて》聖《ひじり》一《いっ》遍《ぺん》

今井雅晴

吉川弘文館

原則として、初版で掲載した口絵は割愛しております。

目次

1　捨てることは辛いことか？

捨てることは辛いことか？

「衣食足らなくて礼節あり」

現代の社会は、あくまでも生活の物質的豊かさを追求している。経済成長率が常に話題にされる。そして、ありあまる物質が人間の心をゆがめ、人間を不幸にしている。「衣食足って礼節を知る」――人類の先輩は、かつてこのように説いた。私も子どものころからこのことばを聞いて育った。しかし残念ながら、近年ではこのことばどおりには社会が進んでいない気がする。物質的豊かさの発展に心がついていけないのだという考えもあろうが、私には「衣食足らなくて礼節あり」といったところかとさえ思う昨今である。

物質的な豊かさの追求が人間生活を豊かにするという考えから、「捨てる」ことが人間生活を豊かにするという考え方に変わるべきではないか。そこで思い出すのは、鎌倉時代の一遍《いっぺん》である。彼は衣食住・家族を捨ててひたすら念仏を唱え、全国をめぐって人にも勧め、「捨聖《すてひじり》」と呼ばれたのである。私は、一遍の「捨てる」思想と行動を追求することは、現代の社会において意義のあることだと思っている。

鎌倉時代の仏教

一遍が活躍したのは鎌倉時代のなかばから後半である。この時代には仏教の改革者が数多く出現した。仏教は日本に六世紀に入ってきたというが、その仏教は天皇や貴族のもので、庶民の救済にはならなかった。それが時代は奈良・平安から鎌倉と移り、武士をはじめとする庶民が社会的に進出するようになって、仏教界も彼らの希望にこたえるような改革が進められた。

古代から現代に至る仏教の歴史のなかで、鎌倉時代の新しい潮流の仏教にはきわだった特色がある。仏教は、本来、多種多様な修行方法を要求する宗教である。経典を読んだり、仏像を礼拝したり、瞑想をしたりすることである。これらは、鎌倉時代の前の平安時代、その前の奈良時代に盛んであった。鎌倉時代でも、やはり盛んであったことは事実である。

しかし鎌倉時代に新たに興った仏教改革運動は、何か一つだけを懸命に修行することを主張した。これには主に三つの流れがある。念仏を唱えること（南無阿弥陀仏。阿弥陀仏を崇拝）、法華経の題目を唱えること（南無妙法蓮華経。釈迦如来を崇拝）、座禅を組むこと（釈迦如来を崇拝）という三つである。このような潮流のなかから法然、親鸞、日蓮、道元たちが現われた。彼らは、今日でも大きな社会的勢力を有している浄土宗、浄土真宗、日蓮宗、曹洞宗の開祖である。これらの高名な僧たちの活躍から少し遅れて世のなかに現われたのが一遍である。

一遍の信仰の特色

一遍の信仰の特色は、次の四つで示すことができる。念仏、踊り念仏、遊行《ゆぎょう》、賦算《ふさん》である。念仏は、もちろん、南無阿弥陀仏と声に出して唱えることである。念仏こそ人生でもっとも大切なことであり、その他衣食住のすべての欲望は捨てよ、と一遍は説いた。すべてを捨て、心から阿弥陀仏を頼らなければ救われないと説いたのである。阿弥陀仏に救われて、極楽浄土に往生することこそ、人生のもっとも大切な仕事なのである。また、すべてを捨てて、ひたすら念仏を唱えていると、しだいに興奮して体が動き出し、踊り出すようになる。これが踊り念仏である。娯楽の少なかった昔、踊るのも、それを見物するのもおもしろく、踊り念仏は大変な人気を呼んだ。

遊行とは、住居を持たず、各地をめぐり歩くことである。念仏を布教するためである。一遍は一六年間、夏の暑い日も冬の雪の日も、日本中を歩きまわった。すべてを捨てて、

一遍と妻，娘（『一遍聖絵』第 2 巻第 2 段，神奈川県藤沢市西富・遊行寺蔵）

「捨聖《すてひじり》」と呼ばれたゆえんである。遊行はずいぶん苦しいことなので、自分自身を鍛えることにもなる。賦算というのは、「南無阿弥陀仏」と印刷された一〇チセンたらずの紙の札を会う人ごとに配ることである。念仏に関心を持たせ、念仏の信仰に入ってもらうためである。この札のことを念仏札《ねんぶつふだ》、あるいは名号札《みょうごうふだ》という。「南無阿弥陀仏」を阿弥陀仏の名号ともいったからである。

極楽に往生できなければ、地獄や修羅道《しゅらどう》、畜生道《ちくしょうどう》など、次の世で救われない世界に堕《お》ちることになる。鎌倉時代の人間にとって地獄に堕ちる「堕地獄《だじごく》」の恐れは強烈であった。かれらは地獄はほんとうに存在すると思っていたのである。堕ちないためには念仏を唱えて阿弥陀仏に救ってもらうしかない。念仏を唱えるのに邪魔になるすべてを捨てよ。

こうして一遍自身、家を捨て、領地を捨て、家族を捨て、ぼろぼろの着物を身につけて各地を遊行した。苦しかったことであろう。一遍はその苦しい毎日に耐えて、自分自身と弟子たち、および一般の人たちの救済をめざしたのである。

「捨てる」ことは辛いことか？

ところで、「捨てる」ことは一遍にとってほんとうに辛《つら》いことであったろうか？　さらにいえば、せっかく持っている財産を捨て、家族を捨て、おいしいご飯もきれいな着物も捨てるのは悲しいことであったろうか。一遍は捨てる生活を亡くなるまでの一六年間続けた。一遍だけでなく、鎌倉時代にはこのような人びとが大勢いたのである。彼らは悲しかったか？　不幸だったか？　次の世で極楽往生するために、すべてを犠牲にしていたのだろうか。次の世の幸せだけを夢みていたのだろうか。いや、そうではない。

私の考えでは、一遍と鎌倉時代の人びとには「捨てることは喜びである。捨てることはうれしいことである」という気持が強かったと思うのである。つまり、すべてを捨てて遊行することは、極楽往生するための方法であると同時に、この世において喜びを得るための行ないでもあったのである。

「捨てることによって喜びを得る」——これは現代人と反対の感情であるということができよう。それだけでなく、日本の歴史のなかでは中世に特有の感情であるということもできるのである。

喜びとしての「さびしさ」と「わびしさ」と「貧しさ」

日本の中世に特有の感情は、「捨てること」についてだけではない。たとえば、「さびしさ」がある。さびしさというのは、求めるものが得られない状態である。厭《いと》うべき、またそれに出会いたくない否定的な感情である。当然、古代でも、また現代でもそうである。しかし中世では積極的に求むべき感情に変わったのである。さびしいからこそ、うれしいのである。「さびしさ」は心のやすらぎになったのである。「さびしさ」とは、すべてのものを捨て尽くし、否定し尽くしたその最後に訪れる心のやすらぎなのであった。

現世は、苦しいこと悲しいことが多いものである。財産があっても、家族で奪い合ったりする。家族があっても、仲が悪かったりする。衣食住・家族があることが苦しみの原因である。これらのものを捨てれば、はじめは物質的・精神的にもの足りないかもしれないが、捨て尽くすと、心のやすらぎが訪れる。もう自分を不安にする要素はないのである。

「わびしさ」もそうである。「わびしさ」というのは、さびしい、心細いという意味である。これも厭うべき状態だったのであるが、中世の人間は、すぐれた人間が求めるべき境地に変えてしまった。わびしさに徹したところに安定した心の幸せがあるというのである。

物質的な「貧しさ」もそうである。物質的に豊かな方が貧しいことよりすばらしい、という考えが日本で支配的になったのは、十六世紀末、桃山時代から江戸時代に入る時期になってからである。一遍の鎌倉時代には、「貧しさ」は望むべき状態なのであった。もちろん、豊かな方がいい、贅沢《ぜいたく》をしたいという人たちがいたことは事実である。しかし、社会全体として支配的だったのは「貧しさ」を望む心である。理由は、「さびしさ」と同じく、豊かさは人間を不幸にするということである。「貧しさ」につながる「倹約」が大切にされ、「贅沢」は嫌われた。

「捨てる」ことの喜び

さびしさ、わびしさ、貧しさなどという、理想の状態に達するためには、衣食住・家族を捨てねばなるまい。そして、「捨てる」ことの将来には幸せがある。つまり、「捨てる」ことは辛いことでもなければ悲しいことでもない。「捨てる」ことは幸せに至る唯一の方法であるから、不幸ではない。「捨てる」ことは幸福であり、喜びでもあったのである。

念仏と尼

私は、近年、一遍のことをまとめて論述する機会があった。そのときには、二つの課題を設定し、その解決をめざすべく努力した。第一の課題は念仏についてである。本来、念仏とは、心のなかに阿弥陀仏と極楽とを思い浮べることである。念仏――すなわち「仏を念ずること」なのである。しかし鎌倉時代以降、念仏といえば声に出して「南無阿弥陀仏」と唱えることだと思われるようになった。これはなぜであろう、という課題である。私は、以前からこの課題を解決したいと思ってきたということもあり、一遍を対象にして研究することにより、この課題に答えを出したいと考えたのである。日本には古代から次のような風習があった。それは人間が神々に呼びかけるとき、きれいな歌声で呼びかける、ということである。鎌倉時代にもそれが存在していた。特に人間と神々との仲介役をする巫女や遊女にそれが顕著である。その歌声は神々に救いを求める人間の、心からの捧げものであった。仏に呼びかけるときも、声に出す方が効果的であると、鎌倉時代の人間は考えたのである。これが第一の課題に対する私の答えであった。

第二の課題は、一遍の弟子の尼たちの役割は何であったかを研究することであった。一遍のまわりには、二、三十人の僧とともに、同じくらいの人数の尼がいた。なぜ尼がいるかといえば、気の毒な悩める女性を一遍が救ってあげたからだ、というのが今までの定説であった。救う一遍と、救われる尼、という図式である。尼は、一遍の役に立っていない、とされてきたのである。しかし、はたしてそれだけであろうか？　一遍の集団のなかで、尼たちは助けてもらっているだけではなく、何か重要な役割を果たしていたのではないか、というのが私の疑問であった。

尼の役割は、一遍の布教の主役であった、というのが第二の課題に対して出した私の答えである。きれいな声で念仏を唱えることは、きれいな声で歌を歌って神々に呼びかけるという風習と同じことになるではないか。「南無阿弥陀仏」とは、「ああ、何とすばらしい阿弥陀仏であろう」という意味であり、それは「阿弥陀仏よ、救いたまえ」という人間の心からの呼びかけであるからである。その呼びかけの役割は、主に女性が行なってきたのであった。それに男のダミ声より、女のきれいな声の方がずっと効果的であろう、一遍の布教の相手の一般大衆にとっては。彼らは伝統的な神々の信仰のなかに生きていたからである。

新しい一遍像を求めて

以上の二つの課題について検討することは、新しい一遍像を作っていくうえで効果的であると思う。ただそれは、どちらかといえば一遍を取り巻く状況のなかから一遍を考える、という手法であった。私は本書でもう一つ、一遍に関する課題を設定したい。それは、直接に一遍の内面を探ることである。すなわち、捨聖と呼ばれた一遍は「捨てる」ことをどのように考えていたのか、という課題である。彼は、「捨てる」ことを辛いこと、苦しいことと考えていたのではなく、その先の喜びをもって身に感じていたのではないか、という見とおしを、私はすでに提示した。本書でそれを具体的に検討することにより、新しい一遍像の構築をさらに進めたいと思う。

聖と極楽の世界

聖の放浪

聖

捨聖《すてひじり》と呼ばれた一遍の、「聖《ひじり》」とは何であろうか。聖とは、一般的には徳の高い立派な人、あるいは僧のことをいう。または、組織的な教団を離れた民間の僧をさす。聖人《しょうにん》、上人《しょうにん》ともいう。

「ひじり」とは、元来、「日知《ひし》り」とも「火知《ひし》り」ともいわれた原始宗教者であったという説がある。原始時代にあっては火を管理する者が社会を支配したという。祭政一致の古い昔においては、聖は政治的な権力者であると同時に、宗教的な権威も持っていたのである。このような聖の意味は、平安時代中期以降にはほとんど忘れられていた。主に、民間における布教者の意味となっていた。

奈良時代や平安時代においては、「僧尼令《そうにりょう》」によって、僧尼は寺院に定住するように定められていた。僧尼が寺院の外に出るのは厳格な許可制であった。まして、僧尼が一般の俗人のもとを訪れて仏教の教えを説いたとなれば、その俗人もろとも厳罰に処せられた。僧尼の果たすべき役割は、一般の俗人の救済にあるのではなく、天皇や貴族をひたすら護ることにあった。古代の仏教の役割としてよく示されることばである「鎮護国家《ちんごこっか》」がこのことをよく表わしている。「国家」とは、天皇という意味だからである。

それでも、網の目をくぐるように、民間に布教する僧は跡を絶たなかった。彼らは民間の人びとから尊敬されて浄行禅師《じょうぎょうぜんじ》とか菩薩とか呼ばれた。その代表的な僧は、奈良時代の行基《ぎょうき》であり、平安時代の空也《こうや》である。行基は各地をめぐり歩き、池や溝を掘っては農民のために尽くし、橋を架け道を直しては旅人を助け、また布施屋と呼ぶ救済小屋を建てて貧しい人びとに食事を施した。行基が朝廷に注目されて東大寺の大仏建立に大きな役割を果たしたことはよく知られている。

空也は、念仏を勧めて各地を歩いた。自分でも常に南無阿弥陀仏と唱えていたので、「阿弥陀の聖《ひじり》」と呼ばれたという。また、京都の町のなかの市場で教えを説くことも多かったので「市《いち》の聖《ひじり》」とも呼ばれていた。空也も行基と同じように社会事業にも精を出していた。

聖の修行

平安時代中期以降になると、朝廷の統制力は著しくゆるんできた。このなかで民間に流れる僧の数はしだいに多くなっていった。民間への仏教の展開が本格的になっていったということである。そして、政治の世界と密接に結びついた比叡山や奈良の教団の頽廃ぶりが噂されるようになると、聖たちこそ尊敬すべき宗教者であるとの見方がいっそう広まってきた。

聖は既成の教団組織に縛られずに自由に生きていた。森のなかや険しい山の上で激しい修行を積んで呪力《じゅりょく》を身につけ、戒律を厳しく守り、貧しい者や病気の者の救済にも努力した。自分自身の現世的な欲望は捨てていた。教団にあきたりずに、その組織を離れた者も多かった。彼らは経典に詳しかった。

このように聖が尊敬される理由は十分にあった。これは民間においてだけではなく、貴族の社会においても同様であった。俗世間の欲望を捨ててひたすら宗教活動に励む聖の姿が、貴族たちの目に新鮮に映ったのである。

こうして、各地をめぐり歩く聖たちが多く見られるようになった。彼らは阿弥陀信仰を持って念仏に生きる者が多かったが、それだけではなかった。釈迦、薬師、大日、観音、地蔵、虚空蔵《こくぞう》、また法華経など、さまざまな信仰を持っていた。このうち阿弥陀信仰を持つ阿弥陀の聖と、法華経の修行者である法華の持経者《じきょうしゃ》について見てみよう。

阿弥陀の聖

まず『今昔物語集』巻十七第二話に、

世に阿弥陀の聖と云ふ者有けり、日夜に行《ある》き、世の人に念仏を勧むる者也、

とある文が興味深い。聖は、夜となく昼となく歩きまわって人びとに念仏を勧めているのである。「行き」と書いて「あるき」と読ませているのも注目される。彼らは、歩きながら、他人に聞こえるくらいの大きな声で念仏を唱えていた。それは『金葉和歌集』雑部《ぞうぶ》の選子《せんし》内親王の和歌の詞書《ことばがき》に、

八月ばかりに月あかかりける夜、あみだの聖のとほりけるをよびよせさせて、里なる女房にいひつかはしける、

とあるのを見てもわかる。ある月夜、選子内親王が侍女か誰かに命じて、外を通る阿弥陀の聖を呼び止め、里の女房への伝言を頼んだのである。かなりの大声の念仏でなければ、家のなかの選子内親王には聞こえまい。

阿弥陀の聖が夜も昼も念仏を唱えているのはなぜだろう。それは、この世からあの世へ行く瞬間に念仏を唱えていなければならないという必要性にもとづく。つまりは、臨終の

一瞬に南無阿弥陀仏と唱えることができなければ、極楽に往生できず、地獄かあるいは修羅、畜生道などの世界に堕《お》ちてしまうのである。念仏以外のことに気を取られていたのでは、臨終に失敗する。ここから念仏以外のものごとに対する執着を捨てよ、という教えが生まれてくる。ひとときも休まずに念仏を唱えていれば、臨終の瞬間に必ず南無阿弥陀仏と唱えることができ、極楽往生は間違いないというわけである。

法華の持経者

阿弥陀信仰と法華経信仰とは平安時代・鎌倉時代を通じての日本の二大仏教信仰ということができる。それほどこの二つの信仰は日本人の心をとらえていた。そのなかで、「法華の持経者」というのは「法華経を持《たも》つ者」という意味である。「持つ」と書いて「たもつ」と読ませる。では、法華を持つ者はいったい何をしていたのであろうか。

法華経は紀元前後に西北インドで成立したと考えられている。はじめは現在見られるような大部の経典ではなかったが、しだいに付け加えられたらしい。法華経は、釈迦のすべての人びとに注ぐ慈悲について述べている。またインドに出現した釈迦が持つ永遠の生命を、超歴史的に、また超時間的に説いている。救いを求める者が法華経の教えを信じれば、釈迦は永遠の存在であり、それが故に今日的存在でもあると実感できるようになるという。

法華経には、釈迦に付随して多くの菩薩たちの活動が記されている。その代表的存在は、観音菩薩であろう。法華経の全二八巻のうち、第二十五巻を「観世音菩薩普門品《かんぜおんぼさつふもんぼん》」（観音経）といい、ここに観音菩薩の救いが記されている。観音菩薩は相手に合わせて三十三に姿を変えて人びとを救ってくれるという。阿弥陀信仰関係の経典類にも観音菩薩は出てくるが、日本に観音信仰が広まった主な理由は、観音経の存在である。

法華経は、来世の救済を説くより、現世での幸福を成し遂げることに重点を置いている。また、弾圧に耐えぬく情熱的な雰囲気にも満ちている。法華の持経者とは、このような法華経を身をもって読み、その教えを体得しようとする者たちのことである。平安時代後期には、法華経だけを手に山林に籠った持経者は多かったのである。『大日本国法華経験記《だいにほんこくほけきょうげんき》』という平安時代に成立した大部の説話集は、彼らについての話に満ちている。

もっとも、ここに問題が一つある。山林に籠った持経者たちの衣食住はどうなるのか、という現実的な話である。衣・住はともかく、食はどうしたか。『大日本国法華経験記』などによれば、熱心な持経者は食に困ることはないという。天の童子が現われ、あるいは美女が出現して、持経者にそっと食事を運んでくれるのである。

ところで、『大日本国法華経験記』巻中―第六十八に記されている持経者の行空の行動は、衣食住すべてを捨てて遊行するという捨聖一遍の行動の原型をなすものと考えられる。彼はもと天台宗の僧であったが、昼間、法華経全体を六回にわたって小声で唱え、夜も同じ回数だけ唱えるという修行を続けていた。これはとても時間がかかる大変な作業である。しかし行空は一日として休むことがなかった。彼は出家してから、

住処《すみか》を定めず、なほ一所に於いて両夜を逕《へ》ず、いはんや庵を結びて住むをや、

と、住む家を持つことはもちろん、一ヵ所に二晩泊まることはなかったといい、世間の人びとから「一宿の聖」といわれていたというのである。彼は法華経以外はまったく何も持たず、

五畿七道、行かざる道なく、六十余国、見ざる国なし、

という一生であった。法華経を念仏に置き換えれば、まさに一遍の行動とそっくりである。ただし、持経者行空が「捨てる」ことについてどの程度自覚していたかは不明である。それが、一遍の活動の「原型」とした理由である。

一宿の聖

遊行の聖

遊行《ゆぎょう》は布教あるいは修行のために各地を歩きまわることであるから、もともと特別に貴重な意味があったわけではない。諸経典にも、単純にめぐり歩くという意味で随所に散見する。しかし、しだいに「捨てること」に人生の喜びがあることが感じられるようになるにつれ、その象徴ともいうべき遊行が重大な重みを持つようになったのである。「捨てる」ことに徹し、「捨聖」と呼ばれた一遍が、やがて「遊行の聖」ともいわれるようになったのは、まさにこのことを物語っている。

浄土往生の夢

四苦と成仏

そもそも仏教というのはこの世の中を「苦」と見ることから成り立っている。その苦の内容は四苦であり、さらにあとから加えられるようになった別の四苦を合わせての八苦である。四苦とは、世のなかの基本的な苦しみ四つをいう。老いていく苦しみ。病気になることによる苦しみ。死ぬことに対する苦しみ。そして、どうして人間にこのような苦しみが起きるのかといえば、この世に生まれてきたからである。すなわち、生まれてきたことそのものが苦しみの原因なのである。四つを合わせて生老《しょうろう》病死《びょうし》という。あとの四つは、愛する人と別れなければならない苦しみ、嫌いな人と会わなければならない苦しみ、望む物が得られない苦しみ、その他である。合計して苦しみは八つになる。八苦である。通称して四苦八苦といっているのである。

釈迦は、これらの苦しみを直視し、乗り越えるために長い間努力した。そしてついにどんなことに出会っても、平静な気持で人生を送れる境地に達した。これが悟りである。したがって、釈迦の解決すべき課題は来世にあったのではなく、現世にあったのである。悟りを得た者が、すなわち仏である。逆にいえば、仏に成るというのは悟りを得ることである。当然ながら、長期間の工夫と努力が必要である。また、人間は悟りを得ることができる存在であるという認識が前提にある。

奈良時代においては、ひたすら経典から学ぶことによって悟りに至ろうとすることが主流であった。学解仏教《がくげぶっきょう》といわれるゆえんである。三論宗《さんろんしゅう》・成実宗《じょうじつしゅう》・華厳宗《けごんしゅう》その他あわせて六つの宗派があることから南都六宗《なんとろくしゅう》といわれたこの時代の宗派は、現代のような閉鎖的な組織とは異なる。単なる学問のグループのようなもので、しかもいくつ兼ねてもいいのである。それだけでなく、全宗派を兼ねて勉強した者は六宗兼学《ろくしゅうけんがく》として称賛されたのである。

しかし、やがて学問によって悟りを得ようとする行き方に疑問が呈され、それ以上に体を使った修行によって悟りを得る方法が提示された。それが最澄の天台宗であり、空海の真言宗である。二つ合わせて平安二宗と呼ぶ場合がある。これらの宗派では、身を苦しめる苦行ともいうべき修行が盛んに行なわれた。修行仏教と呼ばれるゆえんである。

往生への期待

それにしても、悟りに至るのは非常にむずかしい。いくら最澄が一乗《いちじょう》主義《しゅぎ》（誰でも悟りを得ることができるという主張。南都仏教では必ずしもそうではなかった）を説き、「人間だけでなく、山でも川でも草木でも、仏性《ぶっしょう》（悟りを得る能力）がある」と叫んでも、現実にはなかなか困難であった。かなりの修行者は絶望的にならざるを得ない。この傾向に拍車をかけたのは、永承七年（一〇五二）に末法の世に入るとされた末法思想である。

末法の世に入ると、人間には悟りを得る能力が完全になくなってしまうとされた。この末法思想は自力による成仏への意欲を失わせた。悟りを得るためによけいに必死になる修行者もいたけれども、悟りを得る能力のない者を救おうとする阿弥陀仏への期待が、急速に高まった。

阿弥陀仏は、成仏できない人間を自分の極楽浄土に呼び寄せ、最良の環境のなかでじっくりと修行させてくれるのである。この浄土に「往《い》って生まれる」ことが往生である。平安時代後期から来迎図《らいごうず》が描かれることが多くなったのは、まさにこのことを物語っているし、さらに進んで阿弥陀仏がこの世に迎えにきてくれるらしいという願望まで示されている。なぜなら「来迎」というのは、阿弥陀仏がこの世に「来て」人間を「迎える」という意味だからである。

「山越え阿弥陀」という図柄の来迎図も多い。なだらかな山の向こう側にこちらを向いた阿弥陀仏の大きな上半身がみえているという図である。阿弥陀仏がすぐそこまで迎えに来てくれているのである。あるいは「早来迎《はやらいごう》」という図柄の来迎図も描かれるようになった。阿弥陀仏とお供の諸菩薩は雲に乗ってやってくるという図柄が多いのであるが、時代が下るに従って、その雲のスピードを増したかのように描かれていることがある。早く迎えにきてほしいという焦燥感に似た期待がそのように描かせたものであろう。

平安時代以降、各地に阿弥陀堂が建てられた。「御堂《みどう》」といえば単に堂舎を敬意をもって呼ぶ表現ではなく、阿弥陀堂のことである。そこには金色の阿弥陀仏が安置されていたので、光堂《ひかりどう》とも呼ばれた。『栄華物語《えいがものがたり》』に見る臨終の藤原道長《ふじわらみちなが》のように、阿弥陀堂のなかで、金色の阿弥陀仏座像の手と自分の手を五色《ごしき》の糸で結ぶ者もいたのである。極楽浄土への確実な往生を願う必死な気持であった。道長の子の頼通が建立した宇治の平等院鳳凰堂は、阿弥陀堂の一つの典型である。

宇治の平等院鳳凰堂

このような風潮のなかで、各地に阿弥陀仏の浄土とみなされる霊地が形成されていった。そのなかで、一遍にも大いにかかわりのある熊野神社、四天王寺、善光寺の三つについて見ていきたい。

阿弥陀の浄土・熊野

紀伊半島の南端にある熊野神社は、大きく三つの神社で構成されている。通常、家津御子神《けつみこのかみ》を祀り本宮《ほんぐう》と称される熊野坐神社《くまのにますじんじゃ》、熊野速玉神《くまのはやたまのかみ》を祀る新宮の熊野速玉社《くまのはやたましゃ》、熊野夫須美神《くまのふすみのかみ》を祀る那智の熊野那智社《くまのなちしゃ》である。その他多くの神々を祀る熊野は、本地垂迹思想《ほんちすいじゃくしそう》（神仏習合）の風潮の影響で観音菩薩の普陀《ふだ》落浄土《らくじょうど》とみなされるようになった。平安時代初期のころからである。

観音菩薩は「菩薩」であり、まだ修行中であって、悟りをひらいた仏あるいは如来《にょらい》ではない。しかしその慈悲の心にひきつけられて中国でも日本でも人気は高かった。その観音菩薩が住む所はポタラカといい、それに中国で漢字があてられて普陀落とされたのである。この普陀落は、もともとインドの南方にあるとされていた。その信仰が日本に入ってきてから、京都の貴族たちから見てちょうど南方にあたる紀伊半島の、そのまた南の海上にあると考えられるようになった。熊野は、容易には越えがたい険しい大和国・紀伊国の山々の果てに存在したから、いかにも遠い浄土として妥当な実感があったものであろう。

平安中期になると、阿弥陀信仰の隆盛の影響で、こんどは熊野そのものが阿弥陀仏の極楽浄土であると思われるようになった。熊野本宮の神の本地を阿弥陀仏として、そこへ行くと極楽往生ができるとする信仰が生じたのである。

熊野は、従来から変わらぬ山岳信仰の霊地でもあった。大和国の大峰《おおみね》や葛城《かつらぎ》などに連なる熊野は、山伏《やまぶし》たちのかっこうの修行場であった。多くの山伏たちが険しい山々に分け入って修行を続けていたのである。

平安中期から、山伏だけでなく俗人でも熊野への参詣、いわゆる熊野《くまの》詣《もうで》を希望する者が多くなった。記録によると、延喜七年（九〇七）十月に宇多上皇が参詣して以来、代々の上皇や貴族が熊野詣をするようになった。鎌倉時代になると、武士たちもまた熊野をめざした。一般の庶民の参詣はもう少しあとになる。

熊野詣

熊野詣のためには、事前に体の穢《けが》れを祓《はら》って、身を浄《きよ》くしておくことが必要であった。いわゆる精進《しょうじん》を行なう必要があったのである。人間の体にはいろいろな穢れがあるので、神々の霊地であって同時に極楽浄土でもある熊野に、そのままでは参詣することができないのである。

まず、熊野精進と称し、精進屋《しょうじんや》という小さな建物に入らねばならない。京都の貴族たちは自分の邸宅内に精進屋を持っていて、お互いに開放しあっていた。ここで約一週間、毎夜川に出て陰陽師《おんみようじ》の指導によって穢れを祓う。日本の神々の信仰では、基本的には水が穢れを祓ってくれるのである。この精進の間にもし不浄《ふじよう》（穢れ）のことが発生すると、精進を中止して熊野詣をあきらめなければならない。不浄というのは、死人を発見したり、犬や猫のお産に出会ったりすることである。死人を発見することなど、当時の京都では珍しいことではなかった。

精進屋での一週間が無事にすむと、今度は山伏の先達《せんだつ》に導かれて熊野へ出発する。山伏と同じように白の浄衣と白の頭巾《ずきん》、杖を持つ姿である。熊野までの長い、そして険しい道のりを、不浄を受けないように注意しながら歩いていく。彼らは、主に中辺路《なかへじ》という熊野詣のお決まりのコースを進みながら、各所の王子《おうじ》において清水あるいは海水で身を清め（水垢離《みずごり》、塩垢離《しおごり》）、あるいは奉幣《ほうべい》して熊野に到着する。王子というのは熊野神社の摂社《せつしや》で、九九もあった。

熊野詣においては岩田川につかり、また音無川《おとなしがわ》で最後の禊《みそぎ》をして本宮の証誠殿《しようじようでん》に参詣するのである。先達に連れられての長く苦しい道中ののちに、やっと目的地に参詣できた。そして険しい山々と滝・川、あるいは広い海との強烈な印象とあいまって、熊野の霊地としての価値は弥増《いやま》しに増し、参詣の人びとはその霊性に触れる喜びに浸ったのである。和歌で知られた鎌倉時代の藤原定家は、そのときの感激を日記『明月記《めいげつき》』に次のように書き残している。

払暁《ふつぎよう》に、又、発心門《ほっしんもん》を出でて、王子二、内水殿、祓殿、祓殿より歩融して御前に参る、山川千里を過ぎ、遂に宝前に拝し奉り、感涙禁じ難し、

彼は明け方に証誠殿に参詣し、感激の涙を禁じ得なかった。そして、やがて一遍もこの熊野に参詣することになるのである。

極楽浄土の東門・四天王寺

四天王寺《してんのうじ》は、天王寺とも通称し、摂津国《せっつのくに》にある。現在の大阪市住吉区である。聖徳太子の創建と伝えられている。この寺はまた、平安時代以降、阿弥陀信仰の一大中心地であった。

平安時代から鎌倉時代にかけて、四天王寺の西門のすぐ西側から難波《なにわ》の海であった。現在は、海岸線が四天王寺の数キロ先まで後退しており、四天王寺のまわりはビルや人家が立ち並んでいる。当時春秋の彼岸の中日になると、西門を通して、四天王寺から真西に太陽が沈んでいくのが見えた。厳密にいえば、太陽は対岸の神戸が背負う六甲山地《ろっこうさんち》に吸い込まれ、海に沈むところは見えない。しかし、それでも夕日に映える難波の海はあかあかと輝

いていたことであろうし、それは阿弥陀仏の極楽浄土を彷彿《ほうふつ》とさせたのである。なぜなら、極楽浄土（仏はすべてそれぞれの浄土を持つ。「極楽」浄土は阿弥陀仏だけの浄土である。他の、たとえば薬師仏は瑠璃光浄土《るりこうじょうど》、釈迦仏は霊山《りょうぜん》浄土である）は真西の方向十万億土の彼方にあり、明るく輝くすばらしい所であると信じられていたからである。

平安時代後期の阿弥陀信仰の広まりとともに、四天王寺の西門が極楽浄土の東門にあたっているという信仰が生まれた。むろん、四天王寺が京都から見て西に存在していたからであろう。はるか西方の中国へ旅立つときには、この難波の港から出帆するのが普通であった。難波は西の世界への出発点として人びとに意識されていたのである。

四天王寺の西門が極楽浄土の東門にあたっているというだけでなく、この西門自体、釈迦如来が教えを説いた所であるという信仰も生まれた。『今昔物語集』巻十第二十一話に、

其寺《そのてら》（四天王寺）の西門に、太子（聖徳太子）自ら「釈迦如来の転法輪所《てんぽうりんしょ》、極楽土の東門の中心に当たる」と書給へり、

とある。だから参詣の人が多いのだという。「転法輪所」とは、「法輪を転ずる所」とも読み、仏法の教えを説いた場所、という意味である。後白河上皇編纂の『梁塵秘抄《りょうじんひしょう》』第二巻にも、

極楽浄土の東門は、難波の海にぞ対《むか》へたる、転法輪所の西門に、念仏する人参れとて、とある。

日想観と入水往生

こうして、春秋の彼岸にはことに四天王寺への参詣者が多かった。それは、観無量寿経《かんむりようじゆきよう》に示されている日想観《につそうかん》を行なうのに適当な場所であるとされていたからである。これは観想念仏《かんそうねんぶつ》の世界で、本来の意味の念仏である極楽浄土を心に思い浮べるための方法の一つである。

「日想観」を行なうというのは、心を落ち着け、太鼓のように丸い太陽が海に沈もうとしているのをじっと見つめ、目を開いても閉じても、はっきりとその姿が見えるようにすることである。そして四天王寺の西門において、日想観を行なったまま、極楽浄土を求めて自分から難波の海に沈む者も現われた。高揚した気分のなかで、一刻も早く極楽へ行きたいと願ったのである。

『本朝新修往生伝』第十一に出る沙門《しやもん》行範《ぎようはん》は、四天王寺で七日間断食《だんじき》して念仏を唱えながら難波の海に身を投げ、『発心集《ほつしんしゆう》』第三にみえるある皇族の女性は、二一日間念仏を唱えて海に沈んだ。極楽往生を求めてのこのような行動を入水往生《じゆすいおうじよう》という。

また『拾遺往生伝《しゆういおうじようでん》』巻下─四の金峰山千手院《きんぶせんせんじゆいん》の僧である永快《ようかい》は、四天王寺に参詣して一心に念仏し、その回数が百万遍に達した。その夜海岸まで行き、西に向かって高らかに念仏を唱えながら礼拝行《らいはいぎょう》（立って合掌し、次にひざまずいて両肘《りょうひじ》と顔を地面につけ、両方の掌《たなごころ》に仏の足をいただく形を取る。これを繰り返す。千回の礼拝行などというのもある。当然、何時間もかかる）を繰り返し、そのまま亡くなったという。

一遍もこの四天王寺に三回も参詣することになる。

生身の阿弥陀・善光寺

日本各地に善光寺や新善光寺と称する寺院がたくさんある。その本山的立場にあるのが長野市の善光寺である。現在は天台宗と浄土宗に属していて、住職が二人いる。一九九八年二月の長野冬期オリンピックにあたり、境内にアメリカのテレビ局ＣＢＳのスタジオが作られたことで話題を呼んだ。ＣＢＳでは、日本の伝統的雰囲気を出せるもっとも適当な場所としてこの境内を選び、長い間かかって善光寺の許可を取りつけたという。

さて善光寺の歴史は古く、古代から大きな勢力を有していたが、その創建の年代や状況をはっきりと確定することはできない。伝えられるところによると、本尊は欽明天皇《きんめいてんのう》のときに百済《くだら》の聖明王《せいめいおう》から贈られてきた三尊仏である。この仏には金箔が貼られていて、『日本書紀』によると、「御顔はきらきらと輝いていた」という。最初は宮中に安置されたが、のちに悪疫流行の禍根とみなされ、物部氏《もののべし》らによって難波の堀江に捨てられた。それを義光《よしみつ》なる人物が拾い、信濃国の現在の場所まで背負ってきて寺を建てて安置したのが善光寺の始まりであるという。

　はじめは地方の一寺院として出発した善光寺は、平安時代に三井寺《みいでら》（園城寺《おんじょうじ》）の末寺となり、その援助によって規模が大きくなり、伽藍《がらん》も拡大した。三尊仏の本尊は立像である。中尊の如来は、右手を胸前にあげて手のひらを外へ向かって広げる施無畏《せむい》の印相《いんぞう》（指の形）を、左手は垂れたまま親指・薬指・小指を折り曲げ（ジャンケンでいうチョキの形）、外に向かって広げる手刀の印を結ぶ。光背に特色があり、三体で一つなので、一光三尊仏とも称された。

　善光寺三尊の中尊は、いつのころからか阿弥陀仏であるとされるようになった。印相からみると阿弥陀仏ではない。阿弥陀仏なら、必ず両手それぞれ、親指と人差し指、または中指、あるいは薬指とを結んでいなければならないからである。脇士《わきじ》も、手のひらを腹前で上下に重ねる梵篋《ぼんきょう》の印を結んでいる特殊な形である。この脇士も、中尊に合わせて観音・勢至の両菩薩であるとされた。

　善光寺如来が阿弥陀仏とされるようになったのは、阿弥陀信仰の影響であろう。善光寺如来は、日本に初めて渡来した仏であるとされ、しかもインドから中国をへて日本へ渡ってきた三国伝来の生身《しょうじん》の阿弥陀仏であるともされた。つまり、西方十万億土の彼方の極楽浄土に住むのではなく、観音・勢至の二菩薩に動かされてこの世に来て善光寺に住んで今も人びとを救っている、というのである。

こうして生身の阿弥陀仏としての善光寺如来の人気は高かった。各地に善光寺如来の模《も》像《ぞう》が作られた。長野市の善光寺にあるもとの如来は、秘仏なので、どのくらいの大きさか不明であるが、模像は如来が一尺五寸（約四五《セン》《チ》）、脇士がそれぞれ一尺の大きさに作られた。このため、移動が容易であり、善光寺信仰は東日本を中心として全国に広まった。広めるうえで大きな役割を果たしたのが善光寺聖と呼ばれた身分の低い善光寺の僧たちである。

平安時代から鎌倉時代にかけて、多くの人びとが善光寺に参詣した。一遍もその一人である。なお一遍が遊行の生活に入ったころ、佐渡に流されていた日蓮が許されて鎌倉に帰るとき、善光寺を通過する予定だというので、それを阻止しようと善光寺で大騒ぎになったことがある。念仏僧や真言宗・律宗の僧が大挙して集まり、

我等はいかにも生身の阿弥陀仏の御前をばとをすまじ、

と気勢をあげたというのは興味深い（日蓮「種種《しゅじゅ》御《お》振舞《ふるまいの》御《ご》書《しょ》」）。

一遍の修行

一遍の故郷と出家

一遍の時代

一遍が生きた鎌倉時代中期は、大きな社会的変動の時期であった。彼が一六年間にわたる遊行《ゆぎょう》に出発したその年、モンゴルが北九州に攻め寄せてきた。文永十一年（一二七四）のことで、昔から蒙古《もうこ》襲来といわれてきた大事件である。

このころ、源頼朝によって創建された武士の政府である鎌倉幕府も、成立後一〇〇年近くなって問題が多くなっていた。すでに頼朝の血をひく源氏の将軍は絶え、幕府の実権を握っているのは執権《しっけん》の北条氏であった。その北条氏も、武士全体の利益を守るというより、自分たちのためだけの利益をはかる専制的振舞いが多くなってきていた。

当時は一定の場所に定住する農民が中心の社会であり、幕府も農民を基盤としていたのであるが、しだいに商人・山村民・芸能民などが社会的に大きな勢力を持つようになってきた。後者の人びとは、一ヵ所に定住することなく、各地を歩きまわって商売をするなどして生計を立てていた。いわゆる遊行民《ゆぎょうみん》である。年貢なども、古代以来、生産物で納める（物納）ことになっていたのが、お金で納める（銭納）方法が急速に広まったのが鎌倉時代半ばである。これはまさに一遍が活動した時期にあたる。

現在でもそうであるように、商人や芸能民は費用を大きく使って宣伝し、夢を売ってお客に注目してもらう。派手にする必要がある。そこで彼らの生活の規範は、「過差《かさ》」（ぜいたく）である。たくさん使ってそれ以上にもうけようというのである。これに対して武士や農民の規範は「倹約」である。農業では毎年の収入は一定とみなければならない。毎日の生活にぜいたくは禁物である。出費を抑えてこそ生活が安定する。「倹約」と「過差」とはまったく価値観が異なる。

定住民の「倹約」と遊行民の「過差」との争いは、しだいにあらわになっていった。つい「過差」に気を取られ、没落する武士も多くなった。このような時期に突如起こったモンゴルの襲来は、社会の動揺をいっそう大きくした。

モンゴルに対する恐れは、文永十一年の彼らの襲来ののちにいっそう高まった。一遍と同じ時代に活動した日蓮は、モンゴルの兵隊は敵兵の腹を割いて肝を飲むとか、捕虜の男は皆殺しにし、女は手のひらに穴をあけて数珠つなぎにして軍船の船縁に縛りつけるとか、知人への手紙に記している。『八幡愚童訓《はちまんぐどうくん》』は、モンゴルの兵隊の放つ矢には猛毒が塗ってあり、当たればもちろん、かすっただけでも高熱が出ると伝えている。このような不安の渦巻くなか、再度の襲来に備えて防衛に当たる武士の負担も大きかった。

一遍は、やがてはこうした社会の不安に対応すべく、各地をめぐることになる。

一遍の故郷

一遍は伊予の大豪族である河野氏の出身である。彼が生まれたのは延応元年（一二三九）で、道後《どうご》と呼ばれた地域である。ここは今日の愛媛県松山市の郊外で、古代から今日に至るまで温泉が湧きだしている保養地である。明治の文豪夏目漱石の小説『坊っちゃん』の舞台となった所でもある。その保養地の温泉街のはずれに、室町時代に作られた一遍像を安置する宝厳寺《ほうごんじ》がある。一遍はこの付近で生まれたのである。

河野氏は、もと越智《おちし》氏と称した伊予国の古くからの豪族であった。越智氏のなかでも、南の土佐国と境を接する山岳地帯にいた一族と考えられる。やがて北方の風早《かざはや》、北条といった海岸地帯へ進出し、十二世紀前半に風早郡河野郷に住みつき、同郷のなかにある高縄《たかなわ》山《さん》に城を築いた。高縄山は、伊予国の東部（道前）と西部（道後）との境にある海抜九八六メートルの山で、瀬戸内海を眼下に見おろす要衝《ようしょう》である。

一遍の祖先の一人である河野親清は、源義家の弟という。康平六年（一〇六三）、源頼義は奥州の蝦夷《えぞ》の反乱を鎮圧した功績によって伊予守《いよのかみ》に任命された。その末子親清が兄の義家の猶子《ゆうし》として河野家に婿入りしたものという。河野氏が、そのころ令名《れいめい》高かった源氏と提携しつつ、勢力を発展させたのであろう。彼らの武力の特色は、瀬戸内海で活躍する水軍にあった。水軍とは海の武士団である。

一遍の祖父河野通信

一遍の祖父は、河野親清の孫の通信である。彼は、源頼朝が平家方を相手に挙兵し、鎌倉幕府を創立するにあたって大いに協力して功績をあげた。壇ノ浦の戦いでは、源氏方の水軍の中核として平家を全滅に追い込んだ。これらの手柄により、通信は伊予国でもっとも有力な豪族になり、幕府のなかにおいてもかなりの勢力を有するようになった。

河野氏の伝によると、頼朝が鎌倉の由比ヶ浜で戦勝の祝いの会を開いたとき、通信は頼朝から「三」と書いた小折敷《こおしき》（正方形の四隅を切った曲物《まげもの》の盆）を与えられたという。これはまだ豪族の座席の順序が決まっていなかったので、頼朝が同形の小折敷に「一」と書いて自分の前に、「二」と書いて北条時政の前に置き、勲功第三位と認められた通信に

「三」が与えられたというのである（『予陽河野家譜《よようこうのかふ》』など）。
この話は他に、傍証する史料がないし、まだ北条氏の勢力は小さかったし、あまり確実性のない話のようにみえる。しかしともかく、この小折敷に「三」が図案化されて河野氏の紋所となった。いわゆる「隅切《すみき》り三」である。そしてこれが一遍を開祖とする時宗教団の紋所ともなったのである。

通信には通俊・通政・通末・通広・通久・通継・通宗の七人の息子がいた。通俊は得能四郎大夫と称し、京都に上って後鳥羽上皇の警備にあたる西面《さいめん》の武士となっていた。河野太郎を称した通政も、同様に西面の武士であった。河野八郎を称した通末も京都に上って昇殿を許され、皇孫の女性を妻としていた。また通広は別府七郎左衛門と称したので、河野郷の別府に領地があったようである（現在の松山市内）。この通広こそ、一遍の父である。このほか、河野一族は伊予と京都で盛んに勢力をのばしていた。

ところが、承久三年（一二二一）に後鳥羽上皇が北条義時追討の院宣《いんぜん》を発し、倒幕の兵をあげると、通信をはじめとする河野一族のほとんどが上皇方についた。そして後鳥羽上皇は敗れ、河野一族は没落した。通信は奥州江刺《えさし》に流され、通俊は戦死、通政は信濃国葉《は》広《ひろ》に、通末は同国伴野《ともの》に流罪となった。『予陽河野家譜』によると、河野氏の領地五三ヵ所、その他一族一四九人の領地も没収されたという。北条時政の娘を母とし、鎌倉に住んでいた通久のみが幕府方について功をたて、河野の名を残すことができた。通信は二年後に配所で亡くなった。

こうして大勢力だった河野氏は見る影もなくなった。一遍が生まれたのは、それから十数年後である。一遍の出家は、一族の不遇の状況と無関係ではないであろう。一族の経済的苦しさと、さらには起こるであろう陰湿な一族同士の争い。

一遍の父河野通広

通広は通信の四男または三男、別府七郎左衛門と称した。承久《じょうきゅう》の乱において、通久以外の河野一族はほとんど没落した。ところが通広も無事だった。いったんは捕らえられたが、のち赦免されたという。彼は承久の乱において積極的な行動はとらなかったようである。すでに出家していて、参戦することがなかったとも考えられる。

承久の乱の前か後かわからないが、通広は京都の西山善峰《にしやまよしみね》の往生院にいた証空《しょうくう》のもとに入門した。法名を如仏《にょぶつ》とつけられ、しきりに修行に励んだ。兄弟弟子に、のちに一遍が九州で教えを受けることになる聖達《しょうたつ》や華台《けだい》がいた。通広は華台からも指導を受けている。

やがて通広は伊予国に帰った。領地があり、僧形《そうぎょう》のままで結婚した。鎌倉時代にはよくあることである。妻は大江氏の娘というが、この大江氏が鎌倉幕府の政所《まんどころ》の別当であった大江広元の関係の者であるかどうかは不明である。

通広は、本拠を道後の宝厳寺《ほうごんじ》に置いた。この寺は河野氏の菩提寺《ぼだいじ》であり、天台宗の傘下にあった。こうして通広はこの地において四人の男子を得た。『越智系図《おちけいず》』によると、その男子は通朝、智真（一遍）、仙阿《せんあ》、通定である。仙阿は、のちに一遍の影響下にあって宝厳寺の住職となる。通定は一遍の伝記絵『一遍聖絵《いっぺんひじりえ》』の製作者の聖戒であるというが、これはまだ確認されてはいない。諸系図によって兄弟の人数・名前に多少の出入りはあるが、一遍が通広の次男であることは一致している。

通広は弘長三年（一二六三）に亡くなっている。このこともまた、一遍が捨聖《すてひじり》となったことに深い関係がある。

一遍の出家

一遍の幼名は松寿丸《しょうじゅまる》であったという。彼の誕生にまつわる話とか、家庭のことについては何も伝えられていない。一遍が十歳になったとき、母が亡くなったことから、彼の人生は急速に動き始める。一遍はこの幼い年で、世のなかに常なるものはない、人はついには別れていかなければならないという「無常の理《ことわり》」を感じないわけにはいかなかったと『一遍聖絵』は伝える。

母の死による一遍の精神状態の変化を見て、父の通広は一遍を出家させることにした。一遍を出家させることは、通広が以前から考えていたことのようである。子どもたちのうち何人かを出家させることは、平安時代以来の貴族たちの間でよく見られたことであった。一人出家すれば親兄弟の後生が救われるという思想からであったが、口べらしのためでもあった。通広にとって問題はいっそう深刻であった。彼自身の領地はわずかであったろうから、一遍にそれを分与しないつもりではないが（事実、分与している）、出家して僧として高名になり、自活の道を開いてくれるにこしたことはない。また、没落した貴族や武士が社会的立場を保つために、本人および子どもも出家することはよくあることであった。

一遍の法名《ほうみよう》は随縁《ずいえん》とつけられた。『一遍上人年譜略《いっぺんしょうにんねんぷりやく》』によると、近くにある天台宗の得智山継教寺《とくちさんけいきようじ》の縁教律師《えんきようりつし》の命名という。

九州へ下る

建長三年（一二五一）、通広は十三歳になった一遍を九州の聖達《しようたつ》のもとに送ることにした。聖達はかつての兄弟弟子であり、そのころは太宰府に近い筑紫郡原山《はらやま》に住んでいた。通広は息子を託するにもっとも信頼できる僧として聖達を選んだものと思われる。聖達は浄土宗西山派《せいざんは》の流れを汲む念仏僧である。浄土宗は法然が開き、その弟子である証空《しようくう》が西山派の祖である。

伊予国から九州太宰府へ行くのは、遠いようにみえるけれど、河野氏にとって瀬戸内海は文字どおりの内海である。その対岸へ行くような気楽さであったと思われる。

法然と証空

法然の考えと、証空の考えとは微妙に異なる。法然は、称名念仏を重視した中国唐代の善導《ぜんどう》の教えに感動し、次のような信仰を説いた。阿弥陀仏はすべての人間の救済を願って四八種類の誓いをたてた（四十八願）。その第十八願において、念仏を唱えさえすれば誰でも必ず極楽往生できるとした（本願の念仏）。「南無阿弥陀仏」の六文字には、極楽往生のために阿弥陀仏が努力したすべての功徳《くどく》が込められている。この六文字を唱える称名念仏は、他のどんな行にもまさっており、またどんな教養のない者でも、お金のない者でも、どんなに忙しい者でもできる易しい行である。末法の時代の人間にはまさにぴったりである。ともかく、ひたすら念仏だけを唱えて阿弥陀仏の極楽浄土に往生しよう。これが専修念仏《せんじゅねんぶつ》の教えである。この教えを、建久九年（一一九八）、関白九条兼実《かねざね》のために書き表わしたのが『選択本願念仏集《せんちゃくほんがんねんぶつしゅう》』である。

これに対し、証空の考えはやや異なる。彼は貴族の出身で、少年のころから法然に仕え、純粋培養的に念仏を学んだ。しかしのちには天台宗の世界に入り、天台宗の論理で専修念仏を理論化することに情熱を傾けた。証空によれば、人間は阿弥陀仏の本願の力によって

証空画像（京都府西京区大原野石作町・三鈷寺蔵）

救われると「領解《りょうげ》（理解し、納得する）」し、「知る」ことが必要であるとした。そのうえで念仏を唱えることによって救われるのである。

ただひたすら念仏を唱えよと説いた法然に対して、証空の教えは知的であり同時に理屈っぽい。京都西山に住んだ証空の信者は、主に貴族たちであった。仏教思想に詳しい貴族たちに適した教えであったということができる。

証空のもとで学んでいた聖達が九州に下ったのはいつごろか、はっきりしない。その思想も明確ではない。しかし、聖達のもとで学んだ一遍の信仰は西山派の影響を色濃く受けているので、証空の信仰をかなり忠実に守っていたと推定される。

西山派の修行

一遍の父通広は、必ずしもすぐ西山派の教理を学ばせたいわけではなかったらしい。訪ねてきた一遍の希望を聞くと、「学問のためならば」（『一遍聖絵』第一巻第一段）と、別の人物を紹介しているからである。それが華台《けだい》である。華台は近郊に住んでいる、聖達のかつての兄弟弟子である。また通広が教えを受けた僧でもある。

華台は一遍の訪問を受けて大変喜んだ。ところが一遍のそのときの法名を随縁と聞くと、即座に改名させた。それが智真《ちしん》という名である。随縁では浄土宗（西山派）の名としてふさわしくないというのである。華台は、唐の善導の著書の『法事讃《ほうじさん》』によって、そのようにいったのである。『法事讃』のなかに、「随縁の雑善《ぞうぜん》」では、極楽に往生することは困難である、という文がある。「随縁の雑善」というのは、経典を読んだり、寺を建てたりする「その時々の縁に従って行なう」雑多な善行を指している。念仏以外のこれらの行では極楽往生はできないであろうから、随縁という名はやめよ、と華台は命じたのである。もっとも、随縁ということばは、華厳経《けごんきよう》などによれば仏教の根本原理の一つである「縁起《えんぎ》の道理に随《したが》う」という意味となる。南都仏教や平安仏教では決して悪い意味ではなかった。「智真」の由来ははっきりしないけれども、「智恵（人生を見とおす力）」であり「真実」であるから、どの仏教でも悪い意味になりようがない。

一遍は華台のもとで二年ほど勉強した。華台は予想以上にすぐれている一遍の能力に感心し、「早く阿弥陀信仰の奥深いところを教えてやって欲しい」と、聖達のもとに送り返した。以後十余年、一遍は西山義の修行にいそしむこととなった。

ところが、弘長三年（一二六三）五月二十四日に父の通広がその生涯を終えた、という連絡が一遍のもとに届いた。ここに一遍の転機が訪れる。ともかくも葬儀のために帰国した一遍は、そのまま、修行生活には戻らなかった。

還俗生活と再出家

還俗生活

父通広の持っていた領地は、それほど広かったとは考えられない。しかも一遍は嫡子ではなかったようである。それでも一遍は父から領地の分配にあずかった。そして十余年の修行生活をやめて、俗人としての生活に入った。妻を迎え、子どもも生まれた（恐らくは娘）。

ただ一遍は完全に還俗したのではなかった。『遊行上人縁起絵《ゆぎょうしょうにんえんぎえ》』第一巻第一段によると、この時期の一遍も僧の姿で描かれている。折りにふれて仏道の修行を繰り返していたのである。多分、なんらかの止むを得ない事情で俗世間に戻ったというものの、仏道生活に強く未練が残っていた。そこで俗人としての生活のなかに仏法を生かそうと自らの心を納得させていたものであろう。こうして一〇年近くの日々が過ぎる。

中年での再出家

一遍は、文永八年（一二七一）春あるいはそれ以前の近い時期に、再び出家生活に入る。それは一遍が童子と輪鼓《りゅうご》（鼓のように胴のくびれた、一種のこま。長いひもで挟みながらまわして遊ぶ）をまわす遊びをしていたときのことが一つのきっかけになったと、『一遍聖絵』第一巻第二段は伝える。このとき、地に落ちてまわるのを止めた輪鼓を見て、一遍はふと考えたのである。「輪鼓は力を加えてまわせばまわるし、まわさなければまわらない。自分の輪廻《りんね》もこの輪鼓と同様である。俗人の生活のなかで、無事に往生できない原因を、自分の力（自力）でたくさん作ってしまっている。だから、自分で自分自身を迷いの六つの世界である六道にぐるぐるまわしている（輪廻）ことになる。このままの在俗生活では、いつまでも六道を輪廻してとどまるところがない。しかし、もし自力の働きが止まったならば、私は何が原因で六道を流転することがあるだろうか」。一遍はこのように思い至った。彼は、

こゝにはじめて心にあたて生死のことはりを思ひしり、仏法のむねをえたり、

といったという。つまり一遍にとってこれ以前の仏道修行が、結局は知識吸収の学問あるいは単に気休めでしかなかったことを示している。もちろん、出家はわずか十歳のときの

父の命令から始まったことである。深く極楽往生を願ったものでなかったにしても、それは仕方のないことであった。いずれにしても、ここにはじめて心底から仏道への願望が生まれたのである。一遍が三十三歳のころである。

『一遍聖絵』には右の記事に続けて、「聖と鹿」とは長い間里にいては災難にあうという話が思い合せられることがあったと書かれている。そのために、

　しかじ恩愛をすてゝ無為にいらんには、

と、家族を捨てて出家の道に入るほうがよいと決心したという。一遍が発心して再び出家の道に歩みだしたのは、輪廻のことだけが原因ではなかったのである。何か他の事情もあった。『一遍聖絵』にはそれは何も記されていないが、『遊行上人縁起絵』第一巻第一段に、「発心《ほっしん》のきっかけはこのことだろうか」として、親類のなかに一遍に恨みを持つ者がいて、一遍を殺そうとした、一遍は傷を受けたけれども、相手の刀を奪い取り、命は助かった、と記されている。『遊行上人縁起絵』の該当の部分の絵を見ると、何人かの抜刀した武士に取り囲まれた一遍が、相手の刀を奪い取って逃げ、一人の武士が足元にひっくり返っている様子が、緊迫感をもって描かれている。たくましい一遍が、相手を倒して危機を逃れたのである。

神奈川県相模原の無量光寺《むりようこうじ》所蔵の等身大の一遍立像（鎌倉時代の作。口絵参照）の頭部の斜めうしろの部分には、このときのなごりを示すかのように、大きな刀傷がざっくりと刻み込まれている。

一遍はなぜ親類の恨みを買ったのであろうか。『一遍上人年譜略』には建治元年（一二七五）のこととして、家督争いが原因であったと記している。一遍の兄通真が亡くなり、弟の通政が家督を継いだけれども、親類のなかにその家督を奪い取ろうとする者があり、そのためにまず一遍を殺そうとしたというのである。一遍は通政の味方であったろうし、少なくともその親類の者にとっては邪魔な存在であったのであろう。

いうまでもなく家督には領地が付随しているから、これは領地争いであった。承久の乱で激減した領地のなかでひしめいている河野一族が、お互いを狙うことは十分にあり得た。しかも承久の乱から約半世紀をへたこの時期には、一族の数もずっと増加して、状況はますます悪くなっている道理である。結果的には、モンゴルの第二回めの襲来に際して河野通有が一族を率いて活躍し、「河野」の復活を果たすのであるが、これはその直前の時期である。『一遍上人年譜略』の成立は近世初頭に下るようであるし、この説はあくまでも参考にしかすぎないが、ありそうなことではある。

また『北条九代記』には一遍の出家の原因は愛情と嫉妬に関わる問題であると、次の話を載せている。一遍には寵愛する二人の妾があった。二人はふだん仲がよく、一遍も安心していた。ある日二人が頭を突き合わせて昼寝をしているのをそっと見ていると、二人の毛がたちまち無数の小さい蛇となって食い合いを始めた。一遍は、表面では仲良くしている二人の内心の嫉妬の恐ろしさに気づき、そしてまたその原因を作っている自分の生活を反省して、俗世間の生活を捨てる決心をしたというのである。

『北条九代記』もまた成立は近世に入るから、右の話も事実関係としては参考程度にしかならないが、この愛情や嫉妬の問題は十分にあり得ることであろう。

領地の問題と愛情の問題と、いずれを取るにしても、また両方を兼ね合わせて考えるにしても、一遍の再出家の原因は俗人としての実生活の行きづまりであったことは間違いなさそうである。一遍は、その解決を、家族や領地を捨てることに求めていく。

遁　世

鎌倉時代には、貴族や武士が中年で社会的地位を捨てて出家することを遁《とん》世《せ》といった。文字どおり、現世を遁《のが》れて出家の道に入るのである。理由は、何らかの事情で俗世間の生活が嫌になったり、戦いに負けてしまったり、あるいは積極的に仏道に生きる生活を送りたいなどさまざまである。そのほとんどは、教団の世界での出世を求めることはしない。悟りをめざし、また極楽浄土への往生をめざす。一遍の場合も遁世である。彼はそれを十分に自覚していた。

一遍の再出家と聖戒

再出家した一遍がまずめざしたのは、太宰府に住む聖達のもとであった。一遍が聖達を訪ねたのは、再び弟子として仕えるためではなかった。具体的なことはわからないけれど、再出家の決心を告げ、できれば今後の求道生活のヒントを与えてもらうためではなかったろうか。

そしてこのとき聖戒《しょうかい》も出家して一遍につき従うようになった。聖戒というのは、『一遍聖絵』の製作者である。彼は越智系図や『浄土伝燈総系譜《じょうどでんとうそうけいふ》』などによると一遍の弟とされているが、時宗教団内では一遍の実子あるいは甥との説も伝えられてきている。非常に近い肉親であったことは事実らしい。

聖戒はこののち、信濃国善光寺、伊予国窪寺《くぼでら》、同国菅生《すごう》の岩屋《いわや》と、遊行生活に出発するまでの一遍の修行に常につき従い、一遍の修行を助けて日常生活の世話を焼いている。

善光寺参籠

太宰府訪問ののち、一遍と聖戒はまっすぐに信濃国善光寺をめざした。それは善光寺の本尊如来が極楽浄土へ導いてくれるだけでなく、「生身《しょうじん》」で、つまりはこの世にいて信仰生活上の重要な指針を与えてくれる存在として知られていたから、と推測される。たとえば『然阿上人伝《ねんなしょうにんでん》』に、浄土宗の第三祖とされる良忠《りょうちゅう》は、諸方にすぐれた師匠を求めて探しまわっていたが、なかなかめぐり会うことはできなかった。しかし善光寺如来の示唆により、九州に住む聖光《せいこう》（浄土宗第二祖とされる）の存在を知り、大変喜んで九州に向かったと記されている。

また金沢文庫本『念仏往生伝』第三十五巻に、信濃国の小田切《おだぎり》四郎遠平なる武士は、二十四歳のときから日に一万五千遍の念仏を怠らなかった、とある。その後三万五千遍に増したが、ある夜の夢に善光寺如来が現われて、まだ足りないから五万遍にせよと伝えたという。

再出家したのはいいが、いかなる信仰生活を歩むか、一遍はまだ決めていない。このような状態のなかで、善光寺如来が与えてくれる導きを一遍は期待したのである、それに、九州で修行し、四国に住んだ一遍であっても、東国の信濃国の善光寺如来は、一遍にとって身近な存在であった。西山派の祖の証空も善光寺如来を信仰し、彼の本拠である京都西山の善峰寺《ぜんぽうじ》から善光寺の間に十一の大きな寺を建てたと『法然上人行状画図』第四十七巻は伝える。この具体的な寺の数は確認されていないが、証空が善光寺如来を信仰していたと一遍が考えていたとすることは可能であろう。また、太宰府に近い筑前国稲光《いなびかり》にも善光寺があり、善光寺信仰に接する機会は十分にあった。

文永八年（一二七一）の春、一遍は信濃国善光寺に参籠《さんろう》した。善光寺如来は秘仏である。直接顔を見ながら拝むことはできない。しかし参籠中、夢かうつつか、一遍は如来を直接に拝むことができたようである。『一遍聖絵』第一巻第三段に、

いま宿縁あさからざるによりてたまたまあひたてまつる事を得たりとて、参籠日数をかさねて下向したまへり、

と、善光寺如来との前世からの縁が深かったので、偶然お目にかかることができたと喜び、さらに続けて何日も参籠したとある。一遍は、このとき、貴重な信仰の境地を得ている。また善光寺で「二河《にが》の本尊《ほんぞん》」を図したという。

二河の本尊を図す

「二河の本尊」というのは、一般的には二河白道《にがびゃくどう》の図として知られている構図の絵である。これは善導がその著『観無量寿経疏《かんむりょうじゅきょうしょ》』の廻向発願心《えこうほつがんしん》の項で説いた譬喩《ひゆ》にもとづいていて、中世以降、浄土教系の諸派で掛軸《かけじく》にして崇拝された。その譬喩は、人間のむさぼる心（貪愛《とんない》）を喩《たと》えた水の河と、怒り憎む心（瞋恚《しんに》）を喩えた火の河に悩まされながら、その中間の足の幅ほど（四、五寸）の真っすぐな白い道を渡って、東岸（穢土《えど》）から西岸（浄土）へ渡ることを表現している。このとき、人

間を送り出す釈迦が東岸に立ち、迎え入れる阿弥陀仏が西岸にいて、二河の恐ろしさにひるむ人間を励ましている。この譬喩の主目的は、人びとに極楽往生を願う心をすなおに、強く起こさせることである。

一遍が活動した時代に、二河白道の図が何と呼ばれていたかはわからない。管見のかぎりでは、『一遍聖絵』の「二河の本尊」はこの図に関する初見の記録である。ただこれ以降、すべて「二河白道の図」として諸記録に示されている。ということは、この譬喩が表現したいことは、二河を恐れつつも白道を進む人間であろう。すなおに、強い心をもって極楽往生をめざして欲しいということである。

しかし一遍は「二河の本尊」と表現した。人間の心より、本尊すなわち阿弥陀仏と釈迦仏の方に関心があるのである。俗人生活に破れて、いまだ生き方がわからない一遍は、釈迦仏と阿弥陀仏の励ましに心打たれたのではないだろうか。それが本尊に注目する表現の仕方になったものと思われる。のちに、南無阿弥陀仏という名号がすべてを救うという境地に達した一遍は、この図について次のように説いたと伝えられている（『一遍上人語録』下二二）。

中路の白道は南無阿弥陀仏なり。水火の二河は我等が心なり。二河にをかされぬは名

　号なり、
白道として私たちを導く名号にひたすらすがって極楽浄土に往生しよう、という思想である。

窪寺での修行

善光寺に参籠して約半年後の文永八年（一二七一）秋から、一遍は伊予国の窪寺に籠ることになる。窪寺は、現在の松山市窪野町北谷にあった寺と推定されるから、一遍は故郷に帰っているのである。

窪寺には、伊予国でそれと知られた石鎚山《いしづちやま》を中心とする修験道《しゅげんどう》の影響が強かったが、一遍はそれとは関係なしに静かな環境を求めた結果と思われる。一遍は、この寺のなかの草庵で、善光寺で図した二河の本尊を東側の壁にかけ、

　万事をなげすてゝ、もはら称名、

したと『一遍聖絵』第一巻第四段は伝える。阿弥陀仏を信仰するのに本尊を東の壁にかけたというのはおかしいが、これは伊予国から見た信濃国善光寺の方向なのである。そして善光寺で得た新しい信仰の境地を七言四句の頌《じゅ》に表現し、これを本尊の脇にかけた。この頌を「十一不二《じゅういちふに》の頌《じゅ》」という。

こうして一遍は善光寺の生身の阿弥陀仏に思いを致しながら二河の本尊を仰ぎ、またそ

の脇にかけた「十一不二の頌」によって自らの心を確認しつつ、すべてを投げ捨てて念仏を唱えて三年間を過ごしたのである。

「十一不二の頌」

「十一不二の頌」は一遍が得た最初の深い信仰的境地である。それは次の頌である。

十劫《じっこう》正覚《しょうがく》衆生界《しゅじょうかい》　一念《いちねん》往生《おうじょう》弥陀国《みだこく》
十一不二証《しょう》無《む》生《しょう》　国界《こくかい》平等《びょうどう》坐《ざ》大会《たいえ》

この頌は音読みをしたと思われるが、読み下しにすれば以下のようになる。「十劫の正覚は衆生界のためなり。一念にて弥陀の国に往生す。十一の不二は無生を証す。国・界は平等にして大会に坐す」。

右の頌は、阿弥陀仏がはるか昔に五劫《ごこう》という長い間修行し（修行時代の名は法蔵菩薩《ほうぞうぼさつ》。悟りを得て仏となって阿弥陀仏と称したとされる）、今から十劫の昔に覚り（悟り）を得た、と阿弥陀信仰関係の諸経典にあることが基礎になっている。

阿弥陀仏は、現在・過去・未来のすべての人間を救いたいと願った。もし彼らが希望すれば、一人も洩れなく極楽浄土に招きたい。自分も覚りを得たいが、自分を頼った者が一人であっても極楽へ来ることができなければ、自分も覚りを得られなくてよい、と決心している。そして覚りを得て法蔵菩薩は阿弥陀仏となった。ということは、それは現在から十劫の昔のことであるが、現在のすべての人間も未来の人間もすべて阿弥陀仏に頼れば救ってもらえることになる。阿弥陀信仰の世界では、十劫の昔は現在と同時であると把握することが可能となる。仏教は独特の時間論を有している。「十一不二の頌」を左に現代語訳してみよう。

（第一句）十劫の昔に阿弥陀仏が正しい覚りを得ることができたのは、すべての人間を救おうとの誓願を立て、その誓願に沿って努力した結果、救い得たからである。

（第二句）現在の私たちは誰でも、ひとたび阿弥陀仏の名を唱えれば、極楽浄土に往生できる。

（第三句）十劫の昔に阿弥陀仏が正しい覚りを得たことと、現在の私たちの極楽往生は同時ということになる。これは生と死の区別を超越した覚りの世界（無《む》生《しょう》死《じ》の世界）があることを明らかに示している。

（第四句）阿弥陀仏の極楽浄土と私たちの現世の世界とはそのままで共通しており、私たちはどちらの世界にいても、阿弥陀仏が教えを説かれるありがたい法会に出席していることになるのである。

「十一不二の頌」は、三十三歳の一遍が苦労の結果得た救いの境地を示すもので、南無阿弥陀仏と唱えれば極楽浄土に往生できることを、論理的に説明したものである。この境地には、十代のときから学んだ西山義が強く影響を及ぼしている。それは、四句で構成する漢詩でもっとも重要な第三句で、十一不二を主張していることによって知ることができる。実は、十一不二の思想は証空によって開かれたからである。

西山義を超える

しかし、「十一不二の頌」はすでに西山義を超えつつある内容も見られる。それは次の二点である。第一点は、西山義では、法蔵菩薩が五劫という長期間の思唯をへたのち、人間を救う方法を見出し得て、さらに万劫もの間修行し、現在から十劫の昔に正覚を得たと強調するのであるが、「十一不二の頌」には万劫の修行を思わせる部分がないこと。第二点は、西山義では十一不二と「深く知って」念仏するところに救済があるとするのであるが、「十一不二の頌」にはそれを強調する部分はないこと。

西山義の信仰体系は演繹的《えんえきてき》な色合が強く、知的に頭のなかで説明的に組み立てていこうという傾向で成り立っている。これに対し「十一不二の頌」は、わずか二八文字という短い文章のためもあろうが、もっと楽に体のなかに入ってくることが感じられる。知識を超え、論理を超えた世界に一遍が入りつつあることを思わせる。

しかしまだ一遍の信仰体系は固まってはいない。のちに一遍は、阿弥陀仏の正覚と人間の往生とを可能ならしめた存在として「南無阿弥陀仏」の六字名号があることに思い至る。この六字名号は阿弥陀仏と人間とは別の第三の存在であるとともに、阿弥陀仏・人間と一体となる存在でもあるのである。南無阿弥陀仏を「念仏する」と動詞的に把握するのではなく、「名号」として名詞的に把握するのである。「十一不二の頌」では、まだこの思想は現われていない。それは一遍の熊野参籠を待たねばならない。

窪寺において足かけ三年の月日が過ぎたのち、一遍はすべてをなげうって人びとのために尽くそうと思い立った、と『一遍聖絵』第一巻第四段は伝える。

さて此別行結願《このべつぎようけちがん》の後はながく境界を厭離《おんり》し、すみやかに万事を放下《ほうげ》して、身命《しんみよう》を法《ほっ》界《かい》につくし、衆生《しゆじよう》を利益《りやく》せんとおもひたち給ふ、

現世のものごとを厭《いと》い離れて、できるだけ早くすべてのしがらみから逃れて、仏法をもって人びとのために尽くそう、というのである。しかし、まだ「捨てる」と強く心を固めていない状態であった。なお、法界《ほっかい》というのは、仏法が存在している世界すなわち現世のことである。

菅生の岩屋での修行

文永十年（一二七三）七月、一遍は伊予国浮名郡《うけなぐん》の菅生《すごう》の岩屋《いわや》に参籠した。菅生の岩屋は、現在の愛媛県上浮名郡美川村七鳥にある。ここは高知県との県境に近い山岳地帯のなかである。『一遍聖絵』第二巻第一段の該当する部分の絵を見ると、まるでパイナップルをさかさまに立てたような切り立った岩山が三つ四つそびえている。それぞれの頂上には神や仏を祀るほこらがあり、そこに登るための高いはしごがかかっている。現在でもまったく同じ景観である。このあたりは地質学的にはカルスト地形といい、いわば軽石でできているので、このような岩山の造成が可能だったのである。

菅生の岩屋は、現在、海岸山岩屋寺《かいがんさんいわやじ》と称し、弘仁六年（八一五）の弘法大師の草創と伝え、新義真言宗豊山派に属しており、四国霊場第四十五番の札所となって、巡礼の順路の一つとして知られている。

『一遍聖絵』によれば、この岩屋は観音菩薩と仙人の霊場であるという。安芸国の狩人であった野口明神が金色の観音菩薩を発見し、堂を構えてそれを安置したのがこの霊場としての岩屋の始まりであるとする。そののち、中国の隋の使者がこの観音菩薩に三種の宝物を奉り、使者自身は白山明神としてこの岩屋の鎮守となったという。仙人は、もと土佐国の女人で、観音菩薩の霊験を仰いでこの岩屋に籠り、女性としての体を離れたいと願って修行した結果、目的を達し、そのうえ飛行自在の身となったとする。

また山内には四九の小さなほこらがあって、それぞれに由緒がある。なかでも高野大師《こうやだいし》（空海）作と伝える不動尊を安置するほこらは、空海が修行した遺跡であるという。空海に関する伝説は、すでに鎌倉時代初期には各地に広まっているから、これもその一つであろう。しかも、四国は空海の故郷である。

窪寺から菅生の岩屋へは、かつて遍路（巡礼）の通る道が開かれていた。道後からの土佐街道である。一遍の時代にどの程度の巡礼者が集まってきたかはわからないが、この岩屋が伊予国ではすでに有名な霊地であった可能性はあろう。一遍は信濃国善光寺での参籠により得た宗教的境地を窪寺で確認したのち、それを布教するにあたり、その心構えや方法についての考えをまとめたかったのである。そのために菅生の岩屋という霊地に参籠した。これに対して観音や仙人は、

霊夢しきりに示して、感応これあらたなり、

と一遍の願いにこたえ、しきりに夢で教えを示してくれたという。

捨聖一遍

遊行への出立

布教の旅

菅生の岩屋での数ヵ月ののち、一遍は布教の旅に出ることになった。文永十一年（一二七四）二月八日のことであった。このとき、まだ所有していた領地を捨て、家族を離れ、自分の家も他人に与えた。『一遍聖絵《いっぺんひじりえ》』第二巻第一段に、

ながく舎宅田園をなげすて、恩愛眷属をはなれて堂舎をば法界の三宝に施与し、

とある。また、使っていた本尊や経典類の多くは聖戒《しょうかい》に与えた。聖戒はいままで一遍の世話をしてきたのである。

こうして、「すて（捨て）」るという意識が一遍の心にはっきりと現われてくる。しかし彼はいまだ完全に「捨てる」心境に徹してはいない。なぜなら、このときの旅立ちに、一

遍は妻子と従者とを連れているからである。三人とも出家姿である。妻の法名は超一《ちょういち》、娘は超二《ちょうに》、従者は念仏房《ねんぶつぼう》である。一遍には超一たちを振り切れない事情があったようである。信仰上は徹してはいない結果になったが、これは家族を捨てきれない一遍のやさしさといったものであろう。

聖戒は五、六日送って桜井という所で別れた。臨終のときにまた会おうとの約束だったというが、『一遍聖絵』の詞書《ことばがき》を検討していくと、いつのまにか一遍の遊行につき従っている気配があるのは興味深い。

四天王寺参籠

伊予国を出た一遍は四天王寺をめざした。彼は、生涯において三度、四天王寺に参詣している。その最初がこの文永十一年である。

四天王寺は阿弥陀信仰の霊地であり、釈迦如来の霊地でもあった。前述したように、四天王寺の西門が極楽浄土の東門に当たるといわれ、そこはまた釈迦如来が仏法を説いた所であるともされていたからである。二河の本尊によってわかるように、阿弥陀仏と、そして釈迦如来に親しい感情を抱いていた一遍にとって、四天王寺はまさに憧れの聖地であった。

この四天王寺に参籠《さんろう》中、信仰や布教についてあらためて誓いをし、一〇種の戒律を守ることにした。参籠中、夢かうつつか阿弥陀仏から戒を受けるという体験もした。神仏との夢中の交感というのは、善光寺でも菅生の岩屋でもあった経験である。

賦算の開始

一遍は、四天王寺で念仏の布教を開始した。『一遍聖絵』第二巻第二段の該当部分の絵を見ると、一遍は西門に至る山門の下で人びとに南無阿弥陀仏の名号札を配っている。これを賦算《ふさん》という。「算（ふだ）を賦（くば）る」のである。その縦一〇センチたらずの紙の札には「南無阿弥陀仏決定往生六十万人」と印刷されていた。六十万人とは、無数の人の数を示すという説もあるが、やはり後述の「六十万人《ろくじゅうまんにん》の頌《じゅ》」の意味を込めたと考えるほうがよいであろう。そして印刷文全体の意味は、南無阿弥陀仏という名号によってすべての人は救われるということである。

一遍がいかに深遠な教理を説いても、多くの人びとにそれが十分に理解できたはずはない。むしろ、理解し納得できた人間は限られた人数であろう。一般の人たちは、むずかしい理論で説明されるより、何か手に取り目に見えるもので説かれ、しかもそれをもらうことが一番納得がいく。一遍から紙の名号札を与えられれば、ありがたく思われ、これによって極楽に往生できるという気持になった人も多かったと思われる。そのうえ、鎌倉時代の人たちの、文字に対する興味深い感情にも注目しなければなるまい。

これは古代からそうなのであるが、鎌倉時代の人たちは文字に対して信仰に近い感情を有していた。彼らは書かれた文字に人格を見たのである。たとえば、ある人の家来になるときには、自分の名前を書いた名刺を差し出す。そこに書かれた名前は、単なる文字ではなく、差し出した人そのものなのである。自分の名前を記した名刺を与えることは、「あなたに私を与える（家来になる）」ということを意味する。

したがって、名号札に「南無阿弥陀仏」と書いてあれば、鎌倉時代の人たちはそこにほんとうに阿弥陀仏があり、南無阿弥陀仏の世界があると思ったのである。人びとが名号札をありがたがるのも当然である。賦算は布教の有効な方法であった。それは、今日の時宗教団が現在に至るまで継承していることでもわかるであろう。もっとも、この札を受ければ無条件に極楽往生ができると、一遍自身が考えていたのではない。念仏は唱えなければならないのである。

高野山参詣

一遍は四天王寺から高野山にまわった。高野山は、現在の和歌山県伊都《いと》郡高野町にある金剛峰寺《こんごうぶじ》の別称である。しかし特定の山の名ではない。陣《じん》ケ《が》岳《だけ》・楊柳山《ようりゅうさん》・摩尼山《まにさん》・弁天岳《べんてんだけ》などの山々とその付近に広がる平地一帯の総称である。金剛峰寺という名も、もともと、そこに存在した寺々の総称であった。

弘仁七年（八一六）に空海（弘法大師）が嵯峨天皇からこの地をもらい、寺院の建築を始めた。空海がここに注目した理由については、いくつかの伝承がある。たとえば、高野山の地主神《じぬしがみ》である狩場《かりば》明神《みょうじん》（高野《こうや》明神《みょうじん》）に案内されて丹生津比売《にうつひめ》命《のみこと》から譲られたといい、また三鈷《さんこ》がこの地を選んだともいう。三鈷は手に握って使う密教法具である。

空海は、高野山を大日如来の蓮華蔵《れんげぞう》浄土《じょうど》と見立てている。それは周囲の山々を蓮華の八枚の花びらに見立て、中央にある大塔《だいとう》を大日如来とするのである。

空海は承和二年（八三五）に入定《にゅうじょう》した（亡くなった）が、やがて入定した姿のまま今も生きていて人びとを救っているという入定信仰が盛んになった。平安時代半ばの十世紀以降のことである。

延久五年（一〇七三）ころから、高野山は極楽浄土であるという信仰が広まるようになった。やがては高野山に属する下級の僧である高野《こうや》聖《ひじり》が全国に活躍するようになった。彼らは念仏を布教し、また高野山への納骨を勧めた。納骨は永遠に生きるとされた空海の霊力にあやかろうとするものである。こうして、白河上皇をはじめとする多くの皇族や貴族が高野山に参詣するようになった。やがては庶民も高野山をめざすようになる。

一遍が高野山に参詣したのは、空海が六字名号の印板を残していると聞いたからである。

空海の遺跡を訪ね、空海に縁を結ぶことによって、極楽往生を少しでも確実にしたいと思ったのである。

熊野への道

一遍と超一、超二、念仏房の一行は、高野山から熊野へ向かった。彼らは熊野詣の一般のコースをたどり、熊野本宮《くまのほんぐう》への参道を歩いているとき、一人の僧に出会った。『遊行上人縁起絵』によると、それは律宗の僧であったという。一遍はすでに賦算を続けていたので、この僧に対しても軽く声をかけたようである。しかし、この僧に名号札の受け取りを拒否され、大いに悩むことになる。その間のいきさつは次のようだった。

一遍が「南無阿弥陀仏と一声唱えれば極楽往生できるということを信じ、南無阿弥陀仏と唱えてこの名号札をお受け取りください」といったところ、その僧は「その信心は起きません。札を受けたら嘘をつくことになってしまいます」と、札を受け取らなかった。一遍が「仏教を信ずる心はないのですか。どうしてお受け取りにならないのですか」と聞き返すと、僧は「仏典の教えを疑ってはいませんが、あなたのいうことを信ずる気持が起きないので仕方がないではありませんか」と答える。

一遍と僧のまわりに修行者たちが集まってきたので、一遍はさらに困ってしまった。この僧が名号札を受け取らなかったら、他のひとたちも皆同じことになるだろう。そこで一遍は「本意ではありませんが、信心が起こらなくともこの札を受けてください」と、その僧に名号札を押しつけてしまった。これを見た他の人たちも札を受けたが、あの僧はどこかに姿を消してしまった、と『一遍聖絵』第三巻第一段や『遊行上人縁起絵』第一巻第二段は伝える。

一遍は大変悩んだ。賦算を手段として念仏を勧める自分の布教方法に誤りがあるのだろうか。仏教を信じているのに、なぜ自分の勧めた名号札を信じないという者が出るのだろうか。このような布教に関する悩みを解決してもらおうと、熊野本宮証誠殿《しょうじょうでん》に参籠したのである。

本宮証誠殿での参籠と神託

熊野神の啓示を求めるため証誠殿に参籠することは、古来からよく行なわれている。熊野神もさまざまな形で反応していたという。『保元物語』第一巻に、鳥羽法皇の熊野参籠のとき、証誠殿のなかから子どもの手が出てひらひらし、熊野神が山中でもっともすぐれたかんなぎに取りついた。『愚管《ぐかん》抄《しょう》』第四巻の白河院の参籠では、証誠殿の御簾《みす》の下から手が出て、二度三度舞わせてから引っ込み、熊野神はやがて七歳のかんなぎに取りついたという。これらの話は数多くあった。

さて一遍が証誠殿で祈請していると、御殿の戸がなかから開かれ、白髪で長頭巾《ながずきん》をかぶった山伏姿が出現し、次のようなお告げが下された。

融通念仏すゝむる聖、いかに念仏をばあしくすゝめらるゝぞ、御房のすゝめによりて一切衆生はじめて往生すべきにあらず、阿弥陀仏の十劫正覚に一切衆生の往生は南無阿弥陀仏と決定《けつじょう》するところ也、信不信をえらばず、浄不浄をきらはず、その札をくばるべし、

融通念仏を勧める聖の一遍よ。どうして念仏を悪く勧めるのだ。あなたが勧めることによって初めてすべての人間が極楽往生できる、ということではないのだ。阿弥陀仏が十劫の昔に正覚を得たそのときに、すべての人間の極楽往生は南無阿弥陀仏の名号で成ると決まっているのだ。相手に信ずる気持があろうがなかろうが、浄《きよ》い状態であろうがなかろうが、区別することなく念仏札を配りなさい。

自分が布教することによって初めて相手が極楽往生できると思うと、相手に条件をつけたくもなるが、一遍の立場や能力と、人間の極楽往生とは本質的には関係ない。一遍が相手に信じよと勧めて信じれば往生でき、信じなければ往生できないという性格のものでは

ない。人間の意志とは無関係に、すべてを超えて「南無阿弥陀仏」の救いが存在する。一遍は、自分が救済能力を持つなどとは決して考えずに、謙虚な心で名号札を配れ、という熊野神の神託であった。

一遍は、熊野本宮での参籠によって、さらに阿弥陀信仰の境地を深めた。『一遍聖絵』第三巻第一段では、それを、

大権現の神託をさづかりし後、いよいよ他力本願の深意を領解《りょうげ》せり、

と表現している。

なお融通念仏というのは、平安時代末期に京都大原の僧である良忍《りょうにん》が始めたとされている。自分が念仏を唱えたことによって生まれる功徳を、自分一人だけで独占せず他人にも分け与えてあげ、他人の念仏の功徳も自分にもらう。これは日本に伝わってきた仏教の教えの全体的特色であるが、良忍は特にそれを強調したのである。一遍の活動も、その影響下にあるとの見方があったものと思われる。もっとも、宗派としての融通念仏宗の成立は近世に入ってからである。

「六十万人の頌」

熊野本宮証誠殿に参籠したのち、一遍は新宮に向かった。そこから、六月十三日、一遍は聖戒に手紙を送っている。その手紙には、熊野で

深めた信仰の境地を示す頌が二つ記されていた。その一つが「六十万人《ろくじゅうまんにん》の頌《じゅ》」と称されるものである。

六字名号一遍法　十界依正《えしょう》一遍体
万行離念一遍証　人中《にんちゅう》上々妙好華《みょうこうげ》

この頌も、「十一不二の頌」と同じく、音読したと考えられるのであるが、読み下しにすれば「六字名号は一遍の法なり。十界の依正は一遍の体なり。万行の念を離るるところ一遍を証す。人中の上々にして妙好華なり」となろう。

この頌は、六字名号の絶対的・超越的な救済の力について述べているのである。「一遍」とは、「一つにして、すべてに遍し」という意味である。名前ではない。この頌を現代語訳すると以下のようになろう。

(第一句) 南無阿弥陀仏の六字名号は、すべての世界にあまねく行き渡っている教えである。

⇩六字名号が世界を蓋《おお》い、同時に六字名号は宇宙の真理・本体そのものであると説いている。

(第二句) 仏教でいうところの十界(地獄界・畜生界・餓鬼界・修羅界・人界・天上界およ

び声聞界《しょうもんかい》・縁覚界《えんがくかい》・菩薩界・仏界）、すなわちすべての世界の国土や物、心身は、差別のない平等の存在である。

⇩どこの世界にいても六字名号に救われ得ると説いている。

（第三句）すべての仏道修行のなかで、我執や妄念を離れた真の救済の行、すなわち南無阿弥陀仏の六字名号の存在こそ、救いが世界にあまねく行き渡っていることを証明している。

⇩六字名号こそ、阿弥陀仏の十劫正覚と人間の現在の極楽往生を実現させたのであるから、名号が存在することだけで救済がほんとうであると証明してくれていると説く。

（第四句）この六字名号を修行する者こそ、人間のなかでもっともすぐれており、それは泥のなかに咲く蓮華にも譬えることができよう。

⇩仏教では、蓮華は救われた者の象徴である。

注目すべきことは、一遍が阿弥陀信仰のなかにあることは疑いないにしても、彼の関心が阿弥陀仏そのものより六字名号に移っていることである。人間の唱える「南無阿弥陀仏」が阿弥陀仏の正覚と人間の極楽往生を可能にしたというのである。唱えなければ阿弥陀仏の正覚もなかった、とまで一遍は考えた。かれの信仰は、まさに名号信仰とでもいうべきものとなった。この信仰を端的に示しているのが、同じく聖戒への手紙に記してあった二つ目の頌である。これは「六《ろく》字《じ》無《む》生《しょう》の頌《じゅ》」といいならわされている。

名号札の文

一遍が賦算で配った名号札には「南無阿弥陀仏 決定往生 六十万人」と木版で印刷されていた。「六十万人」は、札を配りたい目標の数だとか、無数を表わすのだとか考えるのは不自然である。やはり「六十万人の頌」がある以上、この頌の精神が込められているとみるべきであろう。つまり、六字名号の絶対力をこの名号札に込めたのである。

ただ問題は、『一遍聖絵』の絵によるかぎり、一遍は熊野参詣に先立つ四天王寺参詣のときから始めているとみなされることである。四天王寺においては、まだ「六十万人の頌」の示す信仰的境地には至っていない。四天王寺での賦算においては、少なくとも名号札に「六十万人」の文字はなかったと推測されるのである。

「六字無生の頌」

この頌は、一遍の到達したもっとも深い宗教的境地を、もっとも短い表現で示している。

六字之中　本無生死

一声之間　即証無生

この頌は「十一不二の頌」「六十万人の頌」と異なり、読み下しにして使われている。それは「六字の中《なか》、本無生死《ほんむしょうじ》、一声の間、即ち無生《むしょう》を証す」と読むものである。「本無生死」とは、「本来、無生死」の略で、「無生」とは「無生死」の略である。生と死があるのは、迷いの、救われない世界の特色である。救われた世界には生も死もない。それらを超越している。極楽浄土がまさにそれである。他の表現をすれば、生と死がいまだ別れていない世界こそ、人間本来の救いの世界なのである。「六字無生の頌」を現代語訳すれば次のようになる。

南無阿弥陀仏の六字名号のなかにこそ、無生死の本来の救いの世界がある。一声「南無阿弥陀仏」と唱える間の、そのわずかの瞬間に生死を超越した世界が出現する。

聖戒あての手紙の本文にも、

六字の名号、証を一念に成す、

とか、

本誓六字の名号、無生を一声《いっしょう》に証す、

などと、繰り返し名号の力について説明している。

こうして一遍は、南無阿弥陀仏の名号は阿弥陀仏および人間と離れて別個に存在しているのではなく、いわば名号に包まれた阿弥陀仏（法蔵菩薩）と人間との救済、という思想に到達したのである。この観点を推し進めれば、南無阿弥陀仏と一声唱えれば、名号と阿弥陀仏と人間との区別はなくなってしまうのである。一遍が作った和讃《わさん》である「別願和讃《べつがんわさん》」に、

はじめの一念よりほかに、
最後の十念なけれども、
思《おもい》をかさねて始《はじめ》とし、
思のつくるををはりとす、
思つきなむそのゝちに、
始をはりはなけれども、
仏も衆生もひとつにて、
南無阿弥陀仏とぞ申べき、

とあり、名号・阿弥陀仏・人間三者の区別がなくなったところで、極楽往生するのは、これらを蓋い尽くした名号である、という驚くべき表現にもなるのである。一遍の法語を集

めた『一遍聖人語録』下六九に、

南無阿弥陀仏が往生するなり、

とある。

妻子を捨てる

さて一遍は新宮から聖戒に手紙を送る直前に、妻子と別れた。そのことも聖戒に書き送った。『一遍聖絵』第三巻第二段に、

今はおもふやうありて同行等をもはなちすてつ。

とある。妻の超一、娘の超二、従者の念仏房を「放ち捨て」たのである。もともと、妻子・従者を伴っての遊行生活は無理だったのである。南無阿弥陀仏のみが大切といいながら、妻子を連れていたのではかっこうがつくまい。それにしても一遍がここで妻子を捨てたについては、よほどの決心があったというべきである。熊野参籠によって、ほんとうの信仰生活とは何か、思い知ったのであろう。妻子に執着していては、自分は極楽往生できない。『一遍上人語録』下四四に、念仏を唱える人間には、往生できる能力について上根・中根・下根の三段階あると説いている。

すぐれた能力の上根の者は、妻子と家があっても、臨終にそれらへの執着心が残ることなく、楽に念仏を唱えて極楽往生する。中根は妻子に執着心が残るので、妻子は捨てなけ

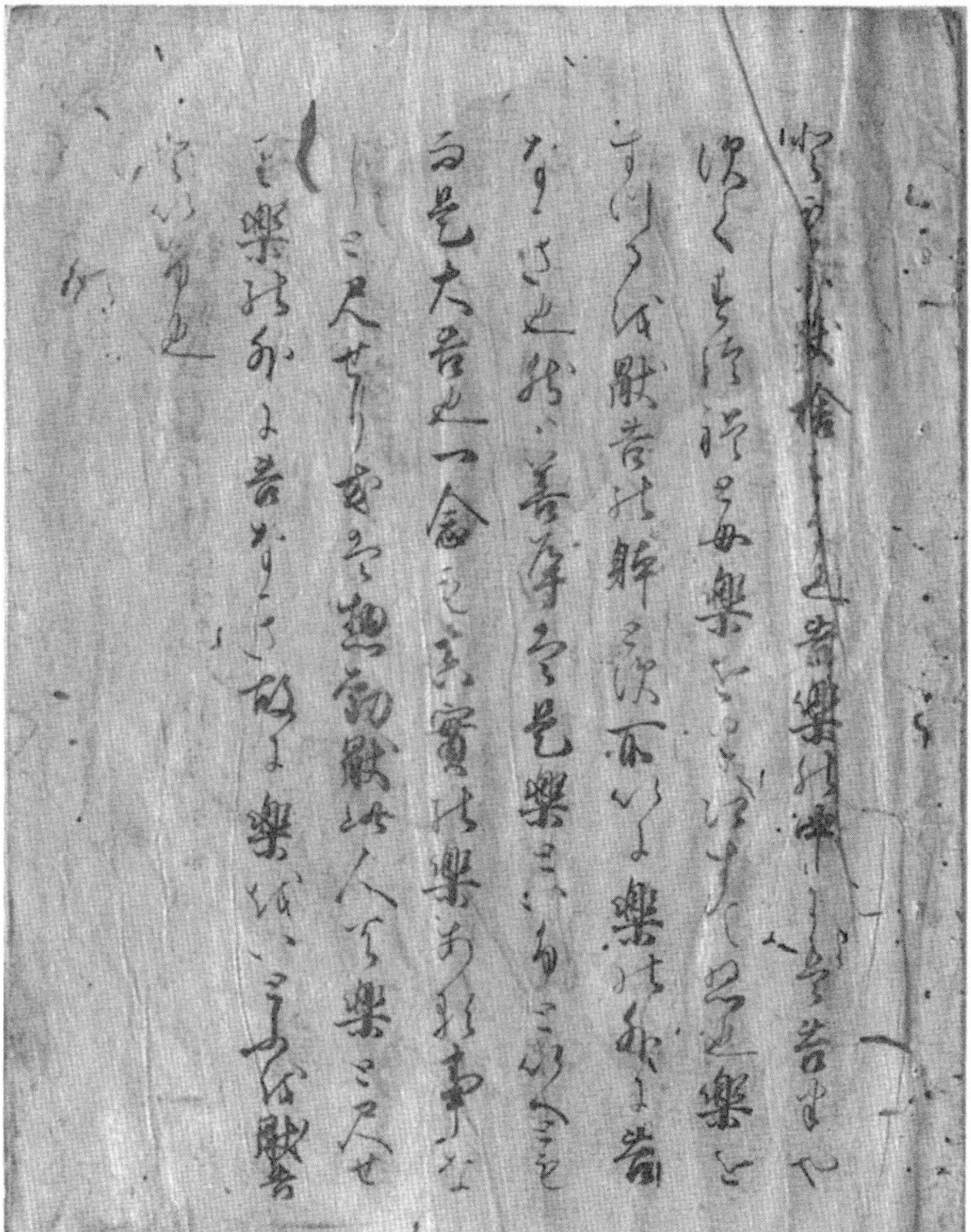

『一遍上人語録』の祖本の『播州法語集』(室町時代の写本，遊行寺蔵)

ればならない。しかし衣食住は思うままにしていても、臨終にそれらに執着心が残ること
なく、念仏を唱えて極楽往生できる。これに対して、一遍自身は下根の者であるという自
覚があった。

我等は下根《げこん》のものなれば、一切を捨ずば、定て臨終に諸事に著《じゃく》して往生をし損ずべき
なり、

衣食住より、妻子を先に捨てるべきなのである。妻子に対しては、いっそう強く執着心
が残る。

また『一遍上人語録』下三六に、仏道修行の邪魔をする「魔」に順魔《じゅんま》・逆魔《ぎゃくま》の二種類
あると説く。順魔は修行者の心に心地よく入ってくる魔で、逆魔は心を乱す魔である。

ふたつの中には順魔がなを大事の魔なり、妻子等是なり、

と、逆魔より順魔のほうが恐ろしいこと、そして順魔とは妻子等のことであると戒めてい
るのである。

こうして、妻子を捨てる決心をした以上、一遍は強く「放ち捨てつ」といわねばならな
い。妻子を連れ歩いていたことについての反省の意味が込められている。ただし、一遍が
妻子を熊野に置き去りにしたとは考えにくい。故郷に無事に帰れるよう、手筈は整えたも

のとみたい。

それにしても、妻子の立場からみれば、いい迷惑であろう。一遍を夫に持ち父に持った不運である。

捨てる喜び

故郷に帰る

熊野で一人になったのち、一遍は京都から西海道をへて伊予国に帰った。建治元年（一二七五）の秋であった。このとき、一遍は釈迦如来のことを意識している。釈迦は菩提樹《ぼだいじゅ》の下で悟りを得たのち、故郷に帰った。友人知人、家族など、縁のある人たちに仏法を説くためである。そしてそれは釈迦が俗人のときに彼らから受けた恩を返したいからであった。自分もそうしたいのだと一遍は語っている（『一遍聖絵』第三巻第二段）。語った相手は、どうも伊予国にいた聖戒のようである。一遍は伊予国中に念仏を布教してまわった。

聖達に再会

翌年、一遍はまた九州の聖達《しょうたつ》を訪問した。喜んだ聖達は、風呂《ふろ》をたいて二人で入り、仏法の話をした。ちなみに風呂をたいて一緒に入るのは、客に対する最大級の歓迎のしるしである。『一遍聖絵』第三巻第三段によると、風呂のなかでの会話は一遍が「一遍の念仏」を勧めていたことに関してであった。浄土宗では、十念を大切にしていた。これは、相手のために一息に念仏を十回唱えてあげることである。

聖達が、どうして十念を勧めずに一遍の念仏を勧めるのか、と質問したので、一遍は十一不二の境地の内容を詳しく説明した。すると聖達は感心し、それなら自分は「一遍の念仏」を「百遍」いただこうと、一遍から百回受けた。一遍は、智者はさすがにうまいぐあいに対応してくれる、と思っている。

西山義では複数の回数の念仏を唱えることが必要である。これを聖達は「十念」で表現した。これに対し、弟子の一遍はただ一回で同時にすべての回数を含んだ「一遍の念仏」を説く。この考え方については、西山義の教理的色彩を強く残す「十一不二の頌」から説明したほうが聖達に理解されやすい、と一遍は判断したのであろう。

予想どおり、聖達は理解し感嘆して、一遍の念仏を「百遍」受けた。弟子の成長に感心し、暖かく認めてやったのである。ただし、聖達の信仰が変化したわけではない。一遍の念仏を「一遍」ではなく「百遍」受けたところに、依然として念仏の回数を重んじる西山義の立場が示されている。

筑前の国のある武士

建治二年（一二七六）、一遍は筑前国のある武士の屋敷を訪問した。名号札を与えようというのである。この家ではちょうど酒宴の最中であったが、主人が出てきて、衣紋を取りつくろい、手を洗い口をすすぎ、うやうやしく一遍の念仏を受けた。しかし主人は何もいわないので、一遍はこの家を去った。そのあと主人が「あの僧は、日本一気が変な男（狂惑《きようわく》の者）だ。尊そうにしているが、ちっとも尊くはないぞ」というので、酒宴の場にいた客人が、「では、そんな男からどうして念仏を受けたのかね」と尋ねると、「念仏には狂惑がないからね」と答えたという。

あとでこの話を聞いた一遍は感心した。今まで多くの人にあったけれども、皆が信じるのは教えを説く人のほうであった。この念仏を信じる人こそ、あるべき姿である、と一遍は何度もほめたという。

孤独の遊行

一遍は、これからしばらく九州を遊行する。この活動はまさに捨聖一遍の完成ということができる。足に任せて歩きまわり、念仏を説く。山道で日が暮れれば苔を払って野宿する。食事もろくに取らず、ふるえながら寒い夜をあかす。たまたま行き会った僧が、ボロを身につけている一遍の姿を気の毒がってくれた破れた袈裟を腰に巻いて、さらに歩く。
大隅国の大隅正八幡宮《おおすみしょうはちまんぐう》に参籠したとき、八幡神が託宣《たくせん》として次のような歌を示してくれたという。

　とことはに　南無阿弥陀仏と　となふれば
　　なもあみだぶに　むまれこそすれ

ずっと南無阿弥陀仏と唱えていれば、南無阿弥陀仏のなかに生まれることができる。「とことはに」というのは、まさに一遍が説く「一遍の念仏」の思想を表わしている。それは永久であると同時に、今の一瞬でもある。一回の念仏であると同時に、無数回の念仏でもある。

和歌の託宣

ところで、どうして大隅正八幡宮の八幡神は和歌で託宣をくれたのであろう。それは古代・中世の人たちが次のような考えを持っていたことによる。つまり、和歌は神仏の意志を人間に伝え、また人間の願望を神仏に伝える力を持っているという考えである。もちろん、和歌が持っているのはそのような役割ばかりではない。人間同士の心を伝え合う役割があったのは当然である。恋する気持を端的に、かつ感動的に伝えることができるのも和歌であった。さらに『古今和歌集《こきんわかしゅう》』の序《じょ》にあるように、和歌は人の心をやわらげる道であるという。為政者にとって、和歌は軍事力と並んで人民を治める効果的な手段であった。そして和歌は、神仏と人間との間の意志を伝え合う手段、交《こう》感《かん》の手段でもあったのである。

ある人が真剣な気持で神仏に祈って和歌を詠めば、その気持は神仏に通じ、さらに神仏がその意志を和歌という形をとって示してくれる。その人が詠む和歌は神仏への祈りの表現であり、また神仏からの託宣にもなるのである。

一遍には、各地の神社・寺院に参籠して神仏の夢告を受けるという習慣があった。これは「習慣」としかいいようがないほど、例をあげるのにいとまがない。そしてまた、この習慣は仏道の正統的な修行方法であるというより、神祇信仰の伝統である。一遍だけではない。かの親鸞も何度か寺院に参籠し、二十九歳のときに一〇〇日間の予定で参籠した京都六角堂で、九五日目の暁に本尊救世観音の夢告を受け、その後の人生航路を決定している。そもそも、『梁塵秘抄《りょうじんひしょう》』に、

仏は常に　いませども
現《うつつ》ならぬぞ　あはれなる

ひとの音《こえ》せぬ　暁《あかつき》に
　ほのかに夢に　見え給ふ

と、仏は暗く、人が寝静まっているときに現われるものだと信じられていたから、参籠するしかない。暁とはそのころの感覚では、真夜中を過ぎて午前二時、三時、四時といった、夜が明けてくる前の時間である。参籠は、当時の人たちの普通の習慣である。

神仏との交感には和歌が適当である。かくして一遍には神仏との交感に関わる和歌が多いのである。『一遍聖絵』には、この大隅正八幡宮の神からの託宣や、石清水八幡宮の神からの託宣（第九巻第一段）など、神仏との交感の和歌がいくつか載せられている。ただし、興味深いことに『遊行上人縁起絵』には神仏と和歌で交感したと明言している例はない。

和歌の信仰問答

神仏との交感ばかりではない。一遍の伝記を追っていくと、彼は僧や俗人との信仰に関する問答に和歌を詠みあっていることが多いのに気づく。特に和歌で問いかけられた場合には、必ずといってよいほど和歌で返答している。これは一種の礼儀であったといってしまえばそれまでであるが、そうではなく、同時に一遍にとって信仰を語るのに和歌を使うほうが自然で楽であったのであろう。一遍は、教義をくどくどしく説明するのが好きであったようにはみえない。

一遍にとっては南無阿弥陀仏は念仏であるが、単純にそれだけではなく、宇宙をあまねくおおっている救いの世界であった。一声であって、同時に無数回の念仏が人間・仏を救ってくれるのである。この世界では人間が念仏によって救われて往生するというより、人間と阿弥陀仏をなかに包み込んだ南無阿弥陀仏が往生するのである。この世界はどのように説明したら一般の人たちにわかってもらえるだろうか。日常のことばで説明しても、なかなかわかってもらえるものではない。

人間の世界に住んでいる以上、ことばで説明するしかないが、できればあまり煩雑でなく、同時に仏の教えの真実を伝えるものでありたい。一遍が多くの和歌を詠んでいるのは、このような必要性にもとづいている。もちろん、和歌には神仏の託宣の匂いがする。救いの世界に入りやすい。一遍は、阿弥陀仏の意を体したかにみえる、自然に口をついて出る和歌によって人びとを説得することにしたのである。

空也のことば

さて、一遍が、私の先達ですと慕っていた空也のことばのなかに、

しかず、孤独にして境界なからんには、

しかず、称名して万事をなげうたんには、

とある。境界とは俗世間のことである。また次の、

貧しさを楽となし、(中略) 閑《しず》けさを友となす、

ということばもあり、さらに「藤で編んだ衣や紙の上がけ布団は、貧しいが清浄な衣裳である」という文がある(『一遍聖絵』第七巻第三段)。一遍は常にこのことばを口ずさんでいたという。一遍が忘れられなかった空也のことばは他にもある(『一遍聖絵』第四巻第五段)。

心に所縁なくして、日暮るるに随《したが》つて止まり、身に住所なくして、夜の暁くるに随つて去る、

一遍がすべてを捨てて山野に遊行し、念仏を勧めて歩いたのは空也のこれらのことばに感動したからであるという。九州遊行は、まさに空也の教えそのままを実行したものである。「一遍の念仏」を説く一遍。では、彼は念仏以外のすべてを捨てなければならない理由について、どのように考えていたのであろう。妻子についてはすでに見た。それ以外の、衣食住についてはどうであろうか。

『一遍上人語録』下七五に、衣食住に執着していると三悪道《さんまくどう》に堕《お》ちると、次のように説いている。(三悪道とは、救われない人間が堕ちる世界六種類のうちの、なかでも特に苦しい世界三種類をいう。「道」というのは、道路ではなく、世界あるいは地域という意味である。)

なぜ捨てねばならないのか

衣食住の三は三悪道なり、衣裳を求《もとめ》かざるは畜生道の業《ごう》なり、食物をむさぼりもとむるは餓鬼道の業なり、住所をかまふるは地獄道の業なり、しかれば、三悪道をはなれんと欲せば、衣食住をはなるべきなり、

身につける衣裳を求めて美しく飾っているのは、畜生道に堕ちる原因となる。これは、鳥などの羽の美しさからの連想であろう。食物をとにかく貪り求めていると餓鬼道に堕ちる。餓鬼道というのは、生前に他人の食物を盗んで食べたりした者がその酬《むく》いによって堕ちて餓鬼となる苦しみの世界である。おなかがすいて物を食べようとすれば、それは火になって燃えてしまい食べることができない。喉《のど》が渇いて水を飲もうとすれば、それも火になって燃えてしまい、飲むことはできない。痩せ細って、腹だけが膨れた餓鬼の姿が、よく絵巻物に描かれている。

住む所を持てば地獄に堕ちるというのは、地獄では牛頭《ごず》・馬頭《めず》などと呼ばれる地獄の獄

卒たちに責められて苦しめられ、心休まる家に住むこともできない、ということであろうか。

鎌倉時代の人たちにとって、畜生道・餓鬼道・地獄道は現実に存在する世界であった。単なる絵空ごとではない。三悪道に堕ちる恐怖は、恐らく、現代人には理解しにくいのであろう。三悪道のうちでも、もっとも恐ろしいのは地獄道である。地獄へ堕ちることを避けるためには、家を離れなければならない。一遍がひたすら遊行をするのは、このような理由からである。

また『一遍上人語録』下六には、世のなかの人は、財宝や妻子は、私たちのような「罪悪生死の凡夫《ぼんぶ》」が極楽へ行くのに役に立たない、捨てなければだめだ、といっているが、それは違う、「罪悪生死の凡夫」そのものが極楽往生のために役立たないのであるから、私たち自身を捨てるべきである、と説いている。「凡夫」というのは、称名念仏を重視する阿弥陀信仰の世界でよく使われることばで、悟りを得る能力のない人間のことである。したがって「罪悪生死の凡夫」とは、生死の世界から抜け出せない、罪悪にまみれた人間という意味である。

私たちは、本来、何も持っていないと思うべきなのである。それなのに、持ちたいと思

ったり、実際に所有したりするので重大な問題が起きるのである。これを『一遍上人語録』下七七に、

本来無一物《ほんらいむいちぶつ》なれば、諸事にをいて実有我物《じちうがぶつ》のおもひをなすべからず、一切を捨離《しやり》すべし、

と説いている。

つまるところ、自分自身を捨てて一心不乱に南無阿弥陀仏と唱えようではないか。『一遍上人語録』下一六に、

我体を捨て南無阿弥陀仏と独一《どくいつ》なるを一心不乱といふなり、

とあるのは、少し異なったいいまわしであるが、まさにこのことを物語っている。「独一」というのは、完全に一体となって、他に何もなく意識もしない状態をいう。

捨てきれない辛さ

しかし、そうはいっても、普通の人間にはなかなかすべてを捨てることはむずかしい。『一遍上人語録』下六では、「悪いとは知りながら、いよいよ財宝妻子・酒肉五辛に執着してしまうのは、せっかく悪いと知った甲斐がない」、

わろきものをば、すみやかにすつるにはしかず、

と、穏やかな調子で話しかけている。あるいは、一遍の次のような和歌がある（『遊行上人縁起絵』第一巻第二段）。

捨《すて》やらで　心と世をば　なげきけり

　野にも山にも　すまれける身を

どうして捨てることができないのかと、決心がつかない自分、さらには身動きが取れない自分にしてしまっている環境を嘆いている人がいる。思い切って捨ててしまえば、野原にでも山のなかにおいてでも生きていけるのに、と。

では、一遍にとって「心」とはどのような存在だったのであろう。

「心」は迷う

「我思う。故に我あり」と語った西洋の哲学者の例を持ち出すまでもなく、人間は心によって自分を意識している。心で感じ、考えることによって生きる方向を決めている。ところが、ほんとうは生き方を決定することができるほど、心は奥深いものではない。このように一遍は思ったのである。『一遍聖絵』第四巻第五段に、一遍の次の歌がある。

みな人の　ことありがほに　おもひなす

　こゝろはおくも　なかりけるもの

誰でも心には何か特別なものがあるように思っているが、そうではない。底の浅いものなのだ。

また、その心だって自分の心さえつかむのはむずかしい。

こゝろより　こゝろをへんと　こゝろへて

心にまよふ　こゝろなりけり

自分の心をはっきりつかもうと心で思っても、つかめずに迷ってしまうのが凡夫である自分の心であるのだ。

たとえ出家したとて、人間社会に生きていれば、それはそれで欲にからんだ迷いが出てしまう。心に頼り、心を押さえきることはできないものだ。『遊行上人縁起絵』第二巻第一段に出る一遍の和歌。

おもひしれ　うき世の中の　すみぞめの

いろいろしさに　まよふこゝろを

では、迷いのもととなる心はどう扱えばよいのか。一遍は思い切って次のようにもいってみた。『遊行上人縁起絵』第四巻第一段に、

心を捨てる

いにしへは　心のまゝに　したがひぬ

いまは心よ　われにしたがへ

とあるが、しかし結局これは無理な相談である。やはり心を問題にせずに、南無阿弥陀仏に頼るのがいいのである。『一遍聖絵』第十巻第一段に、

とにかくに　まよふこゝろの　しるべには
なも阿弥陀仏と　申ばかりぞ

とある和歌がそれを語っている。それに、いろいろなできごとに自然に対処し、心に頼ることをしなければ、心の迷いに悩まされることはない。同前書第六巻第一段の和歌。

はながいろ　月がひかりと　ながむれば
こゝろはものを　おもはざりけり

しかし結局のところ、迷いの原因になる心は捨てなければ根本的な解決にはならない。『遊行上人縁起絵』第三巻第二段に出る和歌。

こゝろをば　心のあだと　心えて
心のなきを　こゝろとはせよ

人間はただ南無阿弥陀仏によってこそ救われる、心を捨てて念仏を唱えようと決心してこそ、名号への思いも固まる。『一遍上人語録』下二六に、

　心は妄心《もうしん》なれば虚妄《こもう》なり、たのむべからず、
とあり、また同書二五に、
　わがこゝろを打すてゝ、一向に名号によりて往生すと意《こころ》得れば、をのづから又決定《けつじょう》
　の心はおこるなり、
とあるのは、これを説いているのである。
　ともかく世のなかを捨て身を捨て、その捨てようという心も捨ててみようではないか。
さんざん悩んだ末に本気で捨てると、予想外に心は平静であった。同じく一遍の和歌に
(『一遍聖絵』第五巻第三段)、
　身をすつる　すつる心を　すてつれば
　　おもひなき世に　すみぞめの袖
自分を捨て、捨てようという心も捨てれば、もう何もこの世のなかに未練はない。
そしてそこから新しい人生が広がる。価値観が変わる。一遍の歌(『遊行上人縁起絵』第
一巻第二段)、
　すてゝこそ　みるべかりけれ　世中を
　　すつるもすてぬ　ならひありとは

何もかも思い切って捨ててみたら、実は、ほんとうに大切なものは捨ててはいなかったことがわかってきた。俗世間で貴重だとされている妻子・衣食住を捨てたからこそ、その大切なものが見えてきたのだ。それがわかったのだ。

こうして、捨てることのうれしさ、喜びが感じられてくるのである。

「捨てる」喜び

一遍のなかでは、平安時代以来の貴族の間で重視された臨終正念《りんじゆうしようねん》の意識が変化してきた。臨終正念とは、まさに臨終の瞬間に行なわれるべきことである。救われて極楽へ行くか、あるいは六道に堕ちるかは、この瞬間に決まる。しかし一遍によれば、南無阿弥陀仏と唱えて自分の心を捨て切ったときが臨終正念なのだという。臨終および救済のときは、生物学的な死の瞬間ではなくなったことになる。『一遍聖絵』第七巻第二段に、

南無阿弥陀仏とゝなへて我心《わがこころ》のなくなるを臨終正念といふ、このとき仏の来迎《らいごう》にあづかりて極楽に往生するを念仏往生といふ、

と臨終正念について述べている。極楽往生はうれしいことである。そのうれしさは、臨終にならないとやってこないものであった。しかし、ほんとうはすべてを捨てて念仏を唱える現在ただ今が阿弥陀仏の来迎を得るときなのである。これが喜ばずにいられようか。

また念仏往生とは、念仏すなわち往生であり、現在ただ今念仏を唱えるときが臨終正念のときである。『遊行上人縁起絵』第二巻第四段に、

念仏往生者、念仏即往生也、（中略）只今《ただいま》の称名の外に臨終あるべからず、

とあるとおりである。『遊行上人縁起絵』第三巻第三段に、

たゞかゝる不思議の名号を聞得《ききえ》たるを悦《よろこび》として、南無阿弥陀仏と唱て、息絶《いきたえ》命終《いのちおわら》む時聖衆《しょうじゅ》の来迎に預り、

とあるように、捨て切ったうえで、念仏を耳にしたことを喜びながら、その念仏を唱えれば、多くの菩薩たちをお供に従えた阿弥陀仏が迎えてくださる。

すべてを捨てることによって、「南無阿弥陀仏」が本来の能力を発揮するのである。それによって極楽往生できることはうれしい。これは「捨てる喜び」の第一の、来世に向かっての喜びである。これはのちに踊り念仏の項で見るように、体が踊りだすような喜びである。

第二の喜びは、現世での喜びであって、第一の喜びとは異なる雰囲気を持つ。『一遍上人語録』下六四に、ある書物に、「一たび念仏すると、その人間の無量の罪を滅ぼし、現世で『無比《むひ》の楽《らく》』を受け、来世では浄土に生まれる」とあるとして、それを次のように解

説している。

無比の楽を世の人の世間の楽なりとおもへるはしからず、これ無貪《むとん》の楽なり、（中略）三界・六道の中にはうらやましき事もなく、貪すべき事もなし、（中略）然れば一切《いっさい》無著《むちゃく》なるを無比楽といふなり、世間の楽はみな苦、

無比の楽とは、これ以上ない楽しさ、ということである。しかし、この楽はうれしくて大騒ぎをするような性格の楽しさではない。すべてを捨て切った人には、世のなかでうらやましいことはないし、むさぼりたい食事もない。無比の楽とは、執着することが一切ない楽しさである。いいかえれば、静かな、将来を見通しきったうれしさということができるのではなかろうか。右に掲げた文の最後に、「世間的な楽しみは、皆、苦の原因となる」とあるのは印象的である。

「さびしさ」と「捨てる」

いってみれば、捨てることによる楽しさ、うれしさの境地は、鎌倉時代の歌人たちが追求した「さびしさ」の境地と共通するものであろう。歌人たちはしきりにさびしい、さびしいといっていたけれど、それは厭うべき境地ではなく、むしろ求めるべき境地であった。「さびしさ」が徹底したところこそ、不安な要素の多い人生航路のなかで、唯一、心の平安を得られる境地であった。

さびしさを得るためには、現世の楽しみを捨てていかねばならない。この場合には、「捨てる」ことは手段であった。一遍も極楽浄土を求めて念仏を唱えるために「捨てる」のであった。捨てることにおいては歌人たちと一遍では共通している。しかし歌人たちは、自分自身に現世のしがらみの一切を捨てよと強制したわけではない。歌人たちには出家した者がいるにせよ、彼らは基本的には現世の妻子・財産を確保したうえでの「さびしさ」の追求であった。もちろん、これは非難されるべきことではない。鎌倉時代人たちの精神的文化の特徴というべきことである。

ただ、彼らに比べて、一遍の場合はいっそう徹底していた。いっそう徹底することによって現世での静かな心の安定を探し求めたのである。そうしなければならないだけ、一遍は心の弱い人間であったのでなかろうか。そして、徹底した姿とその得ている境地が世の人びとに感動を与えたのであろう。極楽浄土を求めてのひたすらな念仏が、一遍の「捨てる」行動に迫力を与えていたということもいえる。捨聖一遍の誕生である。

捨聖の集団

大友兵庫頭頼泰

九州遊行の途中、建治三年（一二七七）から同年のころ、一遍は豊後国大野荘にある大友《おおとも》兵庫頭《ひょうごのかみ》頼泰《よりやす》の屋敷にしばらく滞在した。頼泰は一遍を歓迎し、教えを求めたという。そのころ、北九州はモンゴルとの戦いの最前線であった。

頼泰は鎌倉幕府の有力御家人であった。彼の本拠は相模国大友郷であるが、九州にも領地を持ち、かつ豊後国の守護であった。モンゴル襲来まぢかの文永八年（一二七一）、幕府は北九州警備の責任者である鎮西奉行に頼泰と筑前・肥後の守護武藤資能を任命した。頼泰が鎮西東方奉行、資能が西方奉行である。彼らは現地に赴任し、九州在住の御家人を指揮して防衛に務め、また御家人たちの手柄を幕府に取り次いだ。一遍はその緊張のなかに飛び込んだ形となる。

頼泰だけではない。一遍の実家河野氏も家督の通有《みちあり》を中心として臨戦体制にあった。河野氏には九州に領地がなく、第一回目のモンゴル襲来（文永の役）では出動の資格がなかった。残念に思った河野一族は、幕府に強く願って伊予国のなかのある領地と筑前国弥富《いやとみの》郷《ごう》とを交換してもらった。勇躍して現地に出動した通有は、弘安四年（一二八一）の第二回目のモンゴル襲来で大活躍し、多くの領地をはじめとする恩賞を与えられて、河野氏の昔日の威信を回復した。その活躍の様子は、『八幡愚童訓《はちまんぐどうくん》』のなかに生きいきと描かれている。

河野通有は一遍の従兄《いとこ》である。故郷の様子に敏感な一遍が、通有の活動を知らなかったはずはない。そしてまた、必ず起こるであろうモンゴルの第三回目の襲来に対する人びとの不安の高まりを、肌で感じていたに違いない。一遍の九州遊行は、そのような感覚をいっそう研ぎ澄まさせたものと考えられる。一遍は世を捨てたけれど、世人の不安に目をつぶるのが本意ではない。いかにこの社会的不安に対応していくか、これが一遍の課題となった。その課題の解決方法の一つが、のちにみる踊り念仏である。さらに激しく、この課題に取り組んだのが法華経を信奉した日蓮であった。

さて大友頼泰が一遍を歓迎したのは、一遍が河野通有に近い一族であったこととも関係があろう。モンゴルと戦いたいために九州に領地を交換したいと願い出た者など、それこそ聞いたこともあるまい。頼泰にとって河野一族は歓迎すべき人たちであった。そして一遍が頼泰の屋敷に滞在している間に入門してきたのが他阿弥陀仏《たあみだぶつ》真教《しんきょう》であった。

弟子の入門

一遍の布教は、ここまで彼一人の孤独の活動であった。一遍はすべての現世的欲望を捨てていた。捨て切ることによってはじめて、南無阿弥陀仏が効果をもたらすはずであった。ところが、入門者が現われたというのはどのような理由によるのであろうか。それは第一に、「捨てる」ことの魅力であろう。それも単純に来世に向けての念仏の基礎というだけではあるまい。やはり「捨てる」ことによって、現世において心の究極の平安・静けさが得られること、であろう。一遍の醸し出す雰囲気は、まさにその状態にあったと思うのである。さもなければ、真教をはじめとする人たちが、乞食のような姿の一遍に次々に入門することは考えられない。従来の説は、これを一遍のカリスマ的魅力で説明してきたし、私もそうであった。しかし、それだけでは抽象的すぎて、説明不足であったと思う。やはり一遍の本質である「捨聖」からの分析が必要である。

他阿弥陀仏真教

他阿弥陀仏真教の「他阿弥陀仏」は号で、「真教」は名（法名）である。彼は、近い親族と推定される聖戒を除けば、一遍の最初の弟子である。しかも、のちに一遍の後継者となった人物である。一遍の遊行は足かけ一六年間であるが、真教は一遍が亡くなったあとも引き続いて遊行し、三〇年間近い遊行となった。驚くほかはない。

真教は嘉禎《かてい》三年（一二三七）生まれで、一遍より二歳の年長である。両親や出生地などについていくつかの説があるが、確実なことは一切不明である。出家に関しては、浄土宗（鎮西派《ちんぜいは》）の弁西《べんさい》に教えを受けたという説もある（『麻山集《まざんしゅう》』）。いずれにしても、一遍と行動するようになってからの真教の活躍ぶりからみて、一遍に会う以前にかなりの修行を積んだ僧であったと判断される。このような僧が一遍に弟子入りしたのは、もちろん一遍に魅力があったからである。その魅力とは何か。やはり「捨てる」ことに徹したことからにじみ出る静かな喜びの雰囲気であったのではなかろうか。人は、理論だけでは相手に一生を託そうとは思わないものである。

真教は、まず一遍の阿弥陀信仰の理論にひかれて弟子になりたいと思ったのではなく、まずひかれたのは一遍の醸し出す雰囲気であった。理論に耳を傾けたのはそれからであっ

他阿弥陀仏真教（『遊行上人縁起絵』第10巻第3段，遊行寺蔵）

たはずである。すでに捨聖に徹していた一遍の魅力。現世を生きていける喜び。

興味深いことがある。このときの真教の一遍への入門を伝える『一遍聖絵』第四巻第三段には、次のようにある。

　他阿弥陀仏はじめて同行相親《どうぎょうそうしん》の契《ちぎり》をむすびたてまつりぬ、

他阿弥陀仏がはじめて同じく修行する親しい約束を結ばれました。

これに対し、同じ場面を『遊行上人縁起絵』第一巻第三段では、異なる表現をする。

　他阿弥陀仏はじめて随逐《ずいちく》し給、

他阿弥陀仏がはじめて弟子入りされました。

両書の表現は明確に異なる。これは、『一遍聖絵』は一遍の人間性を描くことを主眼としており、『遊行上人縁起絵』は時宗教団の開祖一遍の正しい後継者は真教であると主張することに主眼があって、このことによる表現の相違である。

ちなみに、このとき一遍に入門したのは真教だけではなかった。その他数名の者が弟子となった。一遍も、自分自身のことだけではなく、自分と同じ宗教生活を送ろうという者たちを指導する決心をしたものとみえる。

一遍は自分の弟子のことを時衆《じしゅう》と呼んだ。しかし、なぜそのように呼んだか、一遍自身は何も語っていない。そこで後世に時宗教団が確立すると、いろいろと説明の工夫がされるようになった。詳しくは五説ほどある。

時衆の成立

第一説　時衆とは末法時《まっぽうじ》においてひたすら名号を唱える者たち、という意味であるとする考え方。永正十年（一五一三）に亡くなった知蓮《ちれん》がその著『真宗要法記《しんしゅうようほうき》』のなかで説いた。

第二説　一遍の思想では、今は命が終わる時に臨んでいるから一心不乱に念仏を唱えよと説いており、それを実行する者たちという意味であるとする説。江戸時代の寛文四年（一六六四）に慈観《じかん》が著わした『神偈讃歎念仏要義鈔《しんげさんたんねんぶつようぎしょう》』の奥書《おくがき》にある。

第三説　時衆とは、仏法の時に相応した教えを学ぶ者たちという意味、とする考え。やはり江戸時代の『時宗選要記《じしゅうせんようき》』に出る。

第四説　現在の時に念仏している出家や俗人、とする説。善導の『観無量寿経疏《かんむりょうじゅきょうしょ》』に、「道俗の時衆等、おのおの無上心《むじょうしん》を発す」とある文によるという。江戸時代の『時宗要略譜《じしゅうようりゃくふ》』などが主張する。

第五説　一日六時《ろくじ》に絶え間なく念仏する者、という考え方である。第三説と同じく『時宗選要記』に出る。なお、仏教では、一日を晨朝《じんちょう》（朝）・日中《にっちゅう》・日没《にちもつ》・初夜《そや》（宵の口）・中夜《ちゅうや》（夜中）・後夜《ごや》（明け方直前）の六つの時に分ける。

江戸時代以来今日に至る時宗教団の教学では、第二説を定説としてきている。しかし、どの説ももっともなところがある。それに、「時衆」が一遍の専売特許かといえば、そうではないのである。一遍以前から「時衆」は存在していた。たとえば、法然在世中の建久七年（一一九六）、京都東山で二一日間の念仏の会を行ない、「時衆十二人」を置いたという（『私聚百因縁集《しじゅうひゃくいんねんしゅう》』第九巻「法然上人の事」）。また法然と親しかった天台座主《てんだいざす》（延暦寺およびその天台宗のトップ）の顕真《けんしん》は「十二人の時衆」をおいて絶え間なく念仏を唱えさせたという（『黒谷源空上人伝《くろだにげんくうしょうにんでん》』）。さらに一般の人でも、富裕な者は僧に法華経を読誦させたり、「時衆を定め」て念仏を唱え続けさせた、という（『妻鏡』）。

つまり「時衆」とは一日の六時に念仏を唱える僧を呼ぶ普通名詞であった。一日の六時とは、要するに一日中ということである。もちろん、まったく睡眠を取らずに念仏を唱え続けることは不可能である。そこで時間を区切って交代し、念仏の声は絶え間なく聞こえる、という具合にする。この念仏のことを六時念仏ということもある。

一遍も六時念仏を重視しているから、普通名詞の「時衆」をそのまま採用し、やがてその集団の特色となっていったものと考えられる。訓詁学的な江戸時代以来の時宗教学の説は、多少割り引いて判断すべきであろう。早い話、一遍は「時衆」にそれほど深い意味を込めてはいなかったのである。一遍およびその弟子たちが「時衆」の意味についてなんらの解説も加えていないことが、それを物語っている。

時宗の成立

歴史的に見れば、「時衆」は個人と集団を呼ぶことばで、教団の名称は「時宗」である。「時宗」が史料上に現われるのは室町時代の十五世紀中期である。『大乗院寺社雑事記《だいじょういんじしゃぞうじき》』所収の「長禄四年（一四六〇）若宮祭田楽頭記《わかみやさいでんがくとうき》」六月十四日の条に、「持（時）宗道場」とあり、『蔭涼軒日録《おんりょうけんにちろく》』寛正六年（一四六五）十一月十九日の条に、「勢州長福寺、久しく時宗道場たり」とあり、同じく延徳四年（一四九二）一月二十日の条に、「発心して時宗となる」などとある。時宗教団内からも、『時宗荼毘記《じしゅうだびき》』『時宗安心大要《じしゅうあんじんたいよう》』などの著書をはじめとして、「時宗」が使われるようになる。

「時宗」とは、時衆が成立してから二〇〇年近くが過ぎて当初の発展の勢いも薄れ、教団としての格などに注意を払い始めたころに成立したことばと考えられる。国家公認の宗教集団には天台宗・真言宗などと、「宗」の文字がつくからである。そして江戸時代に入って幕府の仏教統制下で、正式な宗派名としての「時宗」が確定したのである。

たうときすてひじり

厳島神社参詣

弘安元年（一二七八）夏、一遍はまたまた故郷の伊予国に帰った。今度は一人ではなく、数人の時衆も一緒である。秋には瀬戸内海の対岸にある厳島神社に参詣することにした。

厳島神社のある厳島は周囲約三〇キロの小さな島であるが、古来から神が宿る島として信仰を集めてきた。「いつく島」とは、神が斎《いつ》き祀《まつ》られる神聖な島という意味で、平安末期までは人も住むべきではないとされ、神官でさえも対岸から通っていた。祭神は、市杵島《いちきしま》姫命《ひめのみこと》・田心姫命《たごりひめのみこと》・湍津姫命《たぎつひめのみこと》の三神で、海上交通の守護神としての役割を担っていた。平安末期に平清盛が平家の氏神として以来、瀬戸内海に大きな影響力を持つようになった。

また、いつのまにか厳島の神の本来の姿は阿弥陀仏である、という信仰も生じた。水軍で鳴らした実家河野氏と、阿弥陀信仰とを持つ一遍の心のなかで、厳島神社は重要な位置を占めていたと考えられる。

備前国藤井の領主とその妻

厳島ののち、一遍と時衆は備前国藤井に到着した。現在の岡山県岡山市藤井である。一遍はそこの領主の家に立ち寄って念仏を勧めた。すると、吉備津宮《きびつのみや》の神主の息子である領主は留守で、妻が一遍の教えを受けて感動し、急に発心して出家してしまったのである。

帰宅した領主は尼の姿になっている自分の妻を見てびっくりし、目もくらむほど怒って問い詰めたところ、次のように答えた。『一遍聖絵』第四巻第三段に、

たうときすてひじりのおはしつるが、念仏往生の様、出離生死《しゆつりしようじ》の趣とかれつるを聴聞するに、誠にたふとくおぼえて、

「夢まぼろしの世のなかに無駄に容姿を飾っても、いつまでもその若さを保てるものではないし、明日生きていることができるかどうかもわかりません。それでこのような空しい仮りの姿をしていても仕方がないと思い、出家をしました」とある。

貴い捨聖の一遍が念仏往生の様子や出離生死の趣（いかにすれば生死の世界を離れること

ができるかということ）を説いたことに感動したのである。

やはり、この妻女は、すぐ極楽に往生できるなどということより、現世での心の平安を求めたに違いあるまい。現在の生活のしがらみを捨てることによる喜びは、何物にも替えがたいものであったと思われるのである。そうでなければこう簡単には出家はするまい。当然のように大いに怒った夫の吉備津宮の神主の息子は、大太刀を脇ばさんで一遍を追い求め、福岡《ふくおか》の市《いち》で発見した。

福岡の市

一遍を発見した吉備津宮の神主の息子は、いまにも一遍を斬り殺そうとし、まわりの人たちはざわめいた。ところが一遍は少しも驚かず、初対面の者なのに、「お前は吉備津宮の神主の息子か」と声をかけた。すると、その気合いのためであろうか、神主の息子は身の毛がよだつ思いがして、たちまち怒りが消え、殺そうという気持がなくなり、一遍が貴く思えるようになってしまった。なるほどこれでは妻が出家したのも無理はないと、彼も一遍に頼んで出家したと、『一遍聖絵』や『遊行上人縁起絵』第一巻第三段は伝える。

右の神主の息子の出家の挿話は、まあそのようなこともあったであろうというところであるが、興味深いのは、彼に続いて二八〇人あまりの者が福岡の市で一遍に入門し、法名を与えられたということである。

福岡の市は、現在の岡山県邑久郡長船町大字福岡の地で、日蓮宗の妙徳寺の門前の市場小路がそのなごりと考えられる。藤井からは東方七キロばかりの所にある。市は商品の売買が行なわれる場所で、多くの人が集まるところである。一遍は念仏布教のため、好んでこのような所へ出かけていった。

福岡の市で二八〇人あまりもの人が出家し、一遍から法名を受けたのはほんとうだったのだろうか、と思わざるを得ない。ただ、このとき出家した弥阿弥陀仏や相阿弥陀仏らは引き続いて一遍と活動をともにしているようであるから、ここに熱心な人たちが大勢いたことは確かであろう。

阿弥陀仏号

一遍は男の時衆に与える法号として、必ず「阿弥陀仏」の文字を使った。そしてその前に一文字、適当な漢字を加える。たとえば、真教は他阿弥陀仏である。一遍の信仰では、一声、南無阿弥陀仏と唱えることにより、阿弥陀仏・人間・名号が一体となった救済の世界が現われる、とする。その一体となった表現が「南無阿弥陀仏」の六文字である。「南無」とは救いを求める人間の心の底からの叫びであるから、これを人間とみなす。「南無阿弥陀仏」というのは、人間と阿弥陀仏が一体となった姿の表現であり、これすなわち名号である。このように一遍は説く。そこで、真教も阿弥陀仏、他の時衆も阿弥陀仏なのである。もちろん全員が同じ阿弥陀仏という名では困るので、それぞれ法名の頭初に一文字を加えて他阿弥陀仏とか相阿弥陀仏とか名づけたのである。これを阿弥陀仏号という。

法号に阿弥陀仏号をつけるのは、一遍が最初ではない。それは鎌倉時代の最初に東大寺を再建したことで知られる重源《ちょうげん》に始まる。彼は真言宗を学んだが、強い阿弥陀信仰を抱いていて自分自身の法号を「南無阿弥陀仏」の六文字とした。自分の弟子には一遍と同様の五文字の阿弥陀仏号を与えている。重源が阿弥陀仏号をつけた理由はおもしろい。亡くなったのち、極楽浄土に往生できれば何も問題ではない。阿弥陀仏号をつける必要もない。しかし、もし地獄に堕ちたとき、阿弥陀仏号をつけていれば非常に助かる。なぜなら、地獄に堕ちた場合、必ず閻魔大王の尋問を受けるに違いない。そこでは最初に自分の名を問われるであろうから、阿弥陀仏号の自分の名を唱えれば、阿弥陀仏の名を唱えたことになり、すぐさま阿弥陀仏に救ってもらえるであろう。仮に阿弥陀仏の名を忘れていたとしても、自分の名は覚えているであろうから、名前に阿弥陀仏号をつけておけば、必ず阿弥陀仏の名を唱えることになり、阿弥陀仏に救ってもらえるという道理である。

重源は、その晩年になってから阿弥陀仏号を思いついたようである。というのは、彼が自分の弟子たちに与え始めるのは、治承五年（一一八一）に東大寺再建のための「造東大寺大勧進《ぞうとうだいじだいかんじん》」という職に任命された六十一歳以降のことだからである。

また法然の浄土宗、叡尊の真言律宗の僧たちのなかにも、阿弥陀仏号を持つ者がいた。真言宗では、阿弥陀仏を観る修行である阿字観《あじかん》にもとづく阿号（剣阿など）を持つものがいた。この場合には二文字の法号となる。

なお、のちの時宗の寺院では、歴代の住職は同じ名前の阿弥陀仏号を受けついでいくことが多かった。

京都因幡堂

一遍は入門した時衆をすべて遊行に連れて歩いたのではない。一遍とともに行くのはせいぜい二、三十人である。場合によっては四、五十人にふくれあがることもあった。なにせ、食料の問題がある。いくら衣食住を捨てるといったところで、ほんとうに何も食べるものがないのでは生きていくことができない。それは一遍の本意ではない。また、あまりに多数では行く先々の領主に警戒される。弘安二年（一二七九）春に京都に上って因幡堂に泊まろうとしたときもそうであった。建物のなかで宿泊することを拒否され、仕方なく縁《えん》（堂のまわりを取り巻く縁側状の部分）で眠らざるを得なかった。

因幡堂は京都市下京区松原通烏丸東に現存する。正式の名称は平等寺で平安中期に創立された。この寺は因幡薬師《いなばやくし》と通称されているように、本来は薬師信仰の寺であったが、やがて観音菩薩・釈迦如来・阿弥陀仏の霊場としても知られるようになっている。

建物の外で横になっていた一遍たちは、しかしながら夜半になって、なかに招き入れられた。寺の幹部（執行《しぎょう》）の一人である覚順の夢に本尊薬師如来が現われ、自分の大切な客人なのでもてなすようにとのことであったから、というのであった。いずれにしても、一遍はいまだ世のなかで知られた存在ではない。

踊り念仏と鎌倉入り

踊り念仏の成立

踊り念仏の正当性

踊り念仏とは、手を振り足を上げて、いかにも踊っているような様子で唱える念仏のことである。『一遍聖絵《いっぺんひじりえ》』と『遊行上人縁起《ゆぎょうしょうにんえんぎ》絵《え》』によると、一遍が踊り念仏を開始したのは弘安二年（一二七九）のことである。厳密に歴史学的な観点からいうと、この両書が史料上の初見である。したがって踊り念仏は一遍が開始したということになる。

独特の宗教的境地を込めた踊り念仏の開始は一遍であるにしても、外から見て同じような形の踊り念仏は、それ以前からあったようである。一遍自身、平安時代の空也《こうや》のあとを継いだと主張している。空也は京都の市屋《いちや》や四条の辻で踊り念仏を始めたのであるという。

市屋というのは、京都の町のなかに設けられた公式の市場（東の市と西の市）の建物で、市姫《いちひめ》と呼ばれた守護神が祀られていた。阿弥陀聖あるいは市聖《いちのひじり》と呼ばれた空也が、ここで踊り念仏を行なったというのである。

また南北朝時代初期の時衆の指導者の一人であった託何《たくが》は、その著『条条行儀法則《じょうじょうぎょうぎほうそく》』のなかで、中国（唐）の少康《しょうこう》という僧が踊り念仏の創始者であるとしている。少康は八世紀から九世紀にかけての阿弥陀信仰の僧で、善導《ぜんどう》の教えを広めるのに力を注いだ。また託何は、朝鮮半島にも踊り念仏は多く、日本を見れば空也がその最初であるといっているのである。

少康や空也の踊り念仏は、一遍と時宗関係の史料に出てくるだけである。他の史料で確認できるわけではない。とすると、話の筋書きは以下のようになろう。

鎌倉時代の日本では、何か新しい宗教的境地をひらいても、新しい宗教を作ったとして布教することは不可能に近かった。なぜなら、宗教はすべて仏教の範囲を出ることはできなかったからである。いい換えれば、新しい救いの道をひらいたとして、それを正当化するためには仏教の論理や経典、高名な僧を使うことが必要であった。そうすることによってのみ、社会の人びとの支持が得られたのである。これは日本の古代・中世を通じての常識であった。中世末期に伝わってきたキリスト教でも、神（デウス）は大日如来であるとか、仏教教義にのっとった説明の仕方にならざるを得なかったのである。

このように見てくれば、一遍や時衆が踊り念仏について少康や空也を持ち出した理由は明らかである。踊り念仏は一遍が開始したのではなく、仏教内で正しい伝統を有しているといいたかったのである。特に善導の教えを広めるのに努力した僧が開始したのであれば非常に都合がよい。

民俗慣行としての踊り

中国の歴史書である『魏志倭人伝《ぎしわじんでん》』に、日本の葬式の習俗として、人が亡くなると一〇日あまり喪に服し、喪主《もしゅ》はこの間まったく肉を食べずに泣き、参会の人びとは「歌舞《かぶ》」し、酒を飲むとある。また『日本書紀』神代巻《しんだいのまき》一書に、亡くなった人を葬ったのち、花がある季節ならば花をもって祭り、また鼓・笛を鳴らし、旗を立てて「歌舞」して祭る、とある。これらの「歌舞」は呪術的な歌と舞であって、死者の魂を鎮めて他界へ送り出すためのもの、つまりは鎮魂《ちんこん》・鎮送《ちんそう》として行なわれたものといわれてきた。この鎮魂・鎮送は、人間に害悪をなす霊鬼《れいき》（怨霊《おんりよう》・御霊《ごりよう》・疫病《えきびよう》の神。もののけなど）の荒れすさぶのを鎮《しず》めて他界へ送り出す呪術である。それに使う呪術的舞踊は、霊鬼を退治し鎮めようとする手振りや足踏みのあることが特徴である。

古代末から中世に流行した田楽《でんがく》も、早乙女《さおとめ》の労働を鼓舞《こぶ》するためのものではなく、農耕に害をなす霊鬼を鎮め送るためのものであるといわれる。平安末期に京都で流行した永《えい》長《ちょう》の大田楽《だいでんがく》は鼓舞《こぶ》跳躍《ちょうやく》することが基本であったように、田楽の基本的動作は跳びはね、躍ることとであった。

こうして、古代から中世にかけて、霊魂あるいは霊鬼を鎮め送るための儀礼として激しい身振り手振りの踊りが行なわれていたとされる。さらに、平安時代ごろから葬送に念仏が用いられていたので、念仏も鎮送の特徴を色濃く持っていた。一遍の踊り念仏にはこのような伝統的な宗教儀礼の背景があった。以上のように仏教民俗学的観点から説かれてきた。つまり、一遍の踊り念仏は鎮魂・鎮送の意味があるというのである。

一遍の踊り念仏の意味するところについて、今まで私も右の鎮魂・鎮送という解釈で捉えてきた。しかし、現在ではそうは考えていない。なぜか。その理由を述べる前に、一遍の踊り念仏を具体的に見ていきたい。

信濃国伴野での踊り念仏

弘安二年（一二七九）の末、一遍と時衆は信濃国佐久郡伴野《ともの》のある武士の家の庭で踊り念仏を始めた。伴野は現在の長野県佐久市伴野である。踊り念仏の開始を伝える『一遍聖絵』第四巻第四段と『遊行上人縁起絵』第二巻第一段とはほぼ同文なのであるが、この部分の『一遍聖絵』には欠落があるようである。そのためか、『一遍聖絵』では踊り念仏の開始地が信濃国小田切《おだぎり》の里であるように読める。小田切の里は長野県佐久郡臼田町小田切である。しかし、『遊行上人縁起絵』の詞書《ことばがき》から補って判断すると、踊り念仏の開始地は伴野と判断してよいようである。しかし伴野と小田切は地理的に近いので、いずれにしてもこの付近である。両書による踊り念仏開始の状況は次のとおりである。

伴野に念仏往生を願う人があり、一遍を招き、念仏を唱えてもらった。すると皆なんとなく心が澄みわたり、念仏への信心が起こり、体が踊り出すような喜びの涙がこらえきれずにこぼれてきた。そこで一遍は時衆とともに声を整えて念仏し提《ひさげ》（鍋のような形で、酒などを盛る器）をたたいて踊った。

『一遍聖絵』の該当部分の絵を見ると、一遍は武士の館の縁先に立ち提を小さな撞木あるいは箸でたたいて音頭をとり、庭では一三人ほどの時衆と四人ばかりの俗人が輪になって跳びはねている。時衆の一人は鉢《はち》を、もう一人は笊《ざる》を、さらにもう一人の時衆はささらのような物を手に持って撞木のような形の棒でたたいている。踊っている者は皆、顔をあおむきかげんにし、あるいは目をつむって、恍惚《こうこつ》状態を示している。そのまわりには一〇人近くの俗人がいて、合掌して見物している。『一遍聖絵』の絵からは、もちろん念仏の声は聞こえないが、この合掌によってこの場面に念仏の声が満ちていることがわかる。

館には座敷に座って見物する主人夫妻の姿が見える。縁に立って調子を取りながら提をたたく一遍も、うれしそうな表情をしている。『一遍聖絵』と『遊行上人縁起絵』が描く一遍の顔は、鋭い目と堅く引き結んだ口をしていて、表情をほころばせている例はめったにない。そこで踊り念仏開始のときはよほど興奮していたと見ることができる。

ところで『遊行上人縁起絵』の絵を見ると少し異なる空気が感じられる。同書の原本は残っていないので、金台寺本（長野県佐久市野沢・金台寺蔵）を見ると、庭で時衆が十数人、輪を作って踊っている。俗人は入っていない。輪の中心には一遍がいる。時衆の一人は提を持っている。踊っている時衆は合掌して跳びはね、目を閉じて恍惚状態である。一遍だけは醒《さ》めた表情をしている。

一方、館の座敷の上に、武士や身分が高いらしい僧の十数人の見物人、庭でも十数人の見物人がいる。

この金台寺本のありさまは、同じく有力な写本である光明寺本（山形県山形市七日町・光明寺蔵）でも、ほぼ同様である。詞書の欠落の問題はともかく、絵の部分は『一遍聖絵』のほうが自然にみえる。一遍の上気した表情や、俗人を巻き込んで踊っているところが、いかにも突然の興奮があたり一帯を支配したかのようである。

阿弥陀仏に呼びかける称名念仏の「声」

一遍の踊り念仏の本質を見きわめるために、ここで称名念仏とは何かということに注目しておこう。念仏とは、本来、仏を念ずるのであって声に出して阿弥陀仏の名を唱えることではない。阿弥陀仏の姿や極楽浄土のありさまを思い浮べるのである。理想的には、目を開けていても閉じていても、同じように見えるようにするのである。それができたところに阿弥陀仏の救いがある。これが観無量寿経《かんむりようじゆきよう》に説く阿弥陀仏の教えである、観想念仏の世界である。前述した四天王寺で盛んな日想観は、その修行方法の一つである。

しかし、日本の従来の神祇《じんぎ》信仰では、神に救いを求めるとき、声で呼びかけた。そして神と人間との仲介役をしたのが女性である巫女であった。彼女たちは美しい声で神に呼びかけて人びとの願いを伝えたのであった。その呼びかけの声は、やがては歌うような心地よい調子となった。なぜなら、それは人間にとって心地よいからである。人間が心地よいものでなければ神は気持よく受け取ってはくれまい。

平安時代末期から鎌倉時代にかけての白拍子に代表される古代・中世の遊女は、巫女と同じく、神に近い存在であった。彼女たちの表芸の第一は歌であり、その次に舞があった。遊女は人びとの尊敬の対象でもあった。彼女たちが社会的地位を下落させ、蔑《さげす》まれるようになるのは鎌倉時代末期からである。

平安時代後期からの社会のなかで、称名念仏がしだいに重視されるようになり、鎌倉時代の法然に至って極楽往生のための唯一の勝行《しょうぎょう》とされて、声に出して唱える念仏は、もっとも高い価値を持つと主張されるようになった(『選択本願念仏集《せんちゃくほんがんねんぶつしゅう》』)。これこそよくいわれる仏教の日本化を示すものである。仏に救いを求める方法に、日本の在来の信仰の神に声で呼びかける方法が取り入れられたのである。

名号の恍惚の世界

南無阿弥陀仏と唱えるのは、阿弥陀仏への呼びかけである。と同時に、一遍にとっては人間・阿弥陀仏・名号の一体化した救いの世界が現われ出でる瞬間でもある。極楽浄土の喜びの世界である。「捨てる」ことによって得た現世の静かな平安の世界から、一挙に興奮の極楽に入るのである。まさに恍惚《こうこつ》の世界である。

私の判断では、一遍の踊り念仏には鎮魂・鎮送の思想は入っていない。今まで見てきたように、一遍の信仰には、人間に災いをなす霊鬼を鎮めようとか、追い払おうとかいう発想はない。手を振り足を踏み鳴らす動作が同じだからといって、鎮魂・鎮送と同一視はできない。

のちの時宗教団では、祖師たちの命日には必ず踊り念仏を行なった。それが鎮魂・鎮送であるならば、命日の行事としてはまことに奇妙なことになろう。せっかく（?）あの世から来てくれた祖師たちに対し、祟《たた》らずに穏やかに帰ってくれということになるのだから。祖師たちに失礼きわまりない。また一遍は亡くなる直前、時衆に踊り念仏を念を入れて踊ってくれと頼み、時衆もそのとおりにしている。もし踊り念仏に鎮魂・鎮送の意味があるなら、一遍は自分が亡くなったら残された人々に祟らないように前もって押さえつけておいてくれと頼んだことになる。そうとしたら不可解だし、それならばと時衆が張り切って踊ったのもなおさら理解しがたい。

こうして一遍の踊り念仏は、歌声のような念仏の声による、救いの恍惚の世界だったと判断する。

大井太郎の家での踊り念仏

佐久郡の武士である大井太郎は、一遍に出会ってその信仰に帰依《きえ》した。その姉は、仏教に対する信仰心の薄い者であったが、夢のなかで一遍らしい人に出会った。これを陰陽師《おんみようじ》に「喜びか、憂いか」と尋ねたとこ

ろ、

めでたき悦《よろこび》なり、

と夢判断したので、発心して一遍を招き三日三晩念仏を唱えてもらった。そして始めた踊り念仏で、なんと数百人が踊りまわったという（『一遍聖絵』第五巻第一段）。その間、縁の板敷きが踏み落とされたが、これは一遍上人の形見にしようと、壊れたままにしておいたとのことである。大井太郎の姉は熱心な念仏の行者となって、やがて極楽往生を遂げたという。つまり、念仏を唱えながら穏やかに亡くなったということである。

弘安二年の踊り念仏

踊り念仏が開始された弘安二年は、二度にわたったモンゴルの襲来の中間の時期であった。この踊り念仏が一遍の遊行の先々で行なわれ、しかもそれが人気を博したのは、やはり外国の襲来におびえる社会的な不安が背景にあったというべきであろう。踊り念仏は、一時的にであっても、その不安を忘れさせてくれたのである。

ところで興味深いことに一遍とほぼ同時代に活動した日蓮の、弘安二年五月二日付の手紙である「新池殿御消息《にいけどのみしょうそく》」に、踊り念仏の様子が記されている。一遍の踊り念仏開始の半年前である。とすると、こちらの方が踊り念仏についての古い史料ということになる。

しかし、日蓮のこの手紙は偽文書の疑いが濃い。また十四世紀末成立の『融通念仏縁起《ゆうずうねんぶつえんぎ》』には、弘安二年に清涼寺《せいりょうじ》の踊り念仏（融通大念仏）が始められたと記されている。これらの「弘安二年」という年紀は、実は一遍の踊り念仏開始の年を意識していたのではなかろうか。それほど一遍の踊り念仏開始は後世に対する影響も大きかったのである。

鎌倉入りまで

下野国小野寺から白河の関へ

弘安三年（一二八〇）、一遍の一行は佐久から下野の小野寺《おのでら》に移った。小野寺は、栃木県下都賀郡岩船町の地名になっているが、一遍が訪れた寺は、同地にある現在の大慈寺をさすと考えられる。大慈寺は小野山転法輪院と号している。一遍と時衆は、突然のにわか雨、しかも大雨に降られてこの寺に雨宿りした。一遍は着物が雨にぬれたと大騒ぎしている時衆を見て、次の歌を詠んでいる。

ふればぬれ　ぬるればかはく　袖のうへを
あめとていとふ　人ぞはかなき

雨が降れば着物はぬれるものだし、またぬれても心配ない、すぐ乾く。それなのに雨を嫌がっている人間などつまらないものだ。

歌とすれば、正直いってたいして深みのある歌ではない。興味深いことは、「捨聖」が弟子を引き連れて遊行することの問題点が、早くも露呈していることである。すべてを捨てよと教えても、「雨にぬれる」と自分の体をかばう時衆を見なければならない一遍の辛さである。

下野国から奥州をめざす一遍は、白河の関を通った。ここには関《せき》の明神《みょうじん》が祀られていた。現在の福島県白河市旗宿の関の森と推定されている。古く大化二年（六四六）、朝廷は全国に軍事目的で関所を設けた。畿内を守る三関である東海道の鈴鹿《すずか》の関、東山道の不破《ふわ》の関、北陸道の愛発《あらち》の関をはじめとする諸関である。奥羽地方への入口にも三つの関を設けている。陸奥の白河の関と勿来《なこそ》の関（常陸国との境）、出羽の念珠関《ねずのせき》（越後国との境）である。

それぞれの関所には地元の神々が祀られていたであろうが、関の明神という固有の名称が成立したのは白河の関だけである。一遍はここで、

ゆく人を　みだのちかひに　もらさじと

名をこそとむれ　しら川のせき

という歌を詠み、明神のほこらの柱に書きつけた。この関を通る人を一人でも阿弥陀仏の救いから洩らしたくないと、名号を書き留めます、という意味の歌である。関と堰とをかけている。

河野通信の墓に詣でる

奥州に入った一遍の目的は、江刺《えさし》郡にある祖父河野通信の墓に詣でることだったようである。承久の乱で敗れた後鳥羽上皇方に味方した通信は、江刺に流され、二年後の貞応二年（一二二三）五月十九日に六十八歳で亡くなっていた。一遍はその通信の墓に詣でて追善供養を行ない、墓の周囲をめぐりながら念仏を唱えたと、『一遍聖絵』第五巻第三段にある。そこには、

追孝報恩のつとめをいたし、

あるいは、

一子出家すれば七世の恩所得脱することはり、

などとあり、「こんな遠方に流された祖父の亡魂は、きっと故郷の伊予に帰りたいと望んでいたであろうけれど、追善供養によって心安らかに極楽へ往生したであろう」と特に安心した、と記されている。捨聖一遍は故郷と一族を常に心にかけているようにみえる。そ

れがまた、時衆たちをひきつける理由になっているのかどうか。
一遍はここでも三首の歌を詠んでいる。そのうちの一つ。

世中を　すつるわが身も　ゆめなれば
　たれをかすてぬ　人とみるべき

世の中を捨ててしまったはずの私でさえ、まだ夢のなかにいるような気がする。執着を捨て切れた確信が持てないところがある。他の誰を執着を捨てていない人と非難することができようか。もちろん祖父通信に対してもこのような非難はできない。

一遍は故郷へ帰れずに亡くなった祖父の、望郷の思いを偲《しの》んでいるのである。望郷の思いとは、現世のことについての執着である。ほんとうは、極楽往生するためには、この思いを完全に捨てなければいけない。しかし、祖父の気持を思いやると、祖父の気持も無理はないと一遍はいいたかったのである。

なお、河野通信の墓は、岩手県北上市稲瀬町水越にある「ヒジリ塚」がそれであるといわれている。塚の周囲には溝があり、一一メートル平方の正方形の土壇《どだん》の上に築かれている。土壇の上にはさらに七メートル平方の土壇があり、この上に直径四・五メートル、高さ三メートルの土盛《どもり》がある。中世の武士の墓は土まんじゅう型の土盛が普通であるから、このヒジリ塚は典型的な、また立派な中世武士の墓である。現在は松林のはずれにあって、塚には松が生えている。

このあと、一遍は平泉・松島から常陸国・武蔵国を通り、念仏を勧め歩きながら、鎌倉をめざすことになる。

鎌倉の町

一遍は時衆とともに鎌倉の町に入ろうとした。弘安五年（一二八二）三月一日、モンゴルの二回目の襲来の翌年のことである。彼は鎌倉に入ろうとするにあたり、重大な決心をした。その内容は『一遍聖絵』第五巻第五段に次のように記されている。

鎌倉入りの作法にて化益《けやく》の有無《うむ》をさだむべし、利益たゆべきならば、是を最後と思べ（し）、

と時衆に示したというのである。鎌倉に入るときの状況によって、これからのわれわれの念仏布教がうまくいくかどうか判断しよう。もし状況がよくなければ、われわれの布教は誤った行ないであったのであろうから、もうこれからの布教は止めることにしよう。

すなわち一遍は、鎌倉での布教が成功しなければもう布教活動は止めると決意し、それを時衆に宣言したのである。一遍は「捨聖」として念仏布教の遊行に出てから、すでに九年目に入っている。この間、四国・九州・中国・近畿・中部・奥州と、ほぼ全国をめぐり

歩いた。しかし一遍にとって、まだ満足のいくような成果をあげていなかった。そこで一遍は、自分の布教者としての将来を占う目的で鎌倉に入る決意をしたのである。では鎌倉には、宗教上、どのような重要性があったのか。

鎌倉と僧たち

鎌倉の町に幕府が開かれてから、すでに一〇〇年近くがたっていた。幕府の指導者は執権北条時宗で、父の時頼以来、強力な権力を握っていた。朝廷の方でも、幕府と親しい後嵯峨上皇が、幕府の制度をまねて朝政改革を行なってその成果をあげるといった状態であった。もちろん、北条氏を中心とする幕府の要人たちは仏教を重んじてきた。そのため、幕府創設以来、京都を中心とした地域で活動する僧たちのなかには、幕府の手を借りようとする者がいた。

東大寺を復興する役割を請負った重源《ちょうげん》は、源頼朝に経済的な助力を求めた。頼朝も「東大寺の御事、深く心中に懸り奉て候」（「頼朝書状」）と快く引き受けている。臨済宗の栄西は、京都での活動が既成教団の圧力によって困難なのを見ると、鎌倉に下った。そして将軍源頼家や同実朝、二人の母の北条政子に大いに歓迎された。彼は何年かのちに京都に建仁寺を建立してもらい、凱旋の帰京をすることになる。

法然の弟子の隆寛《りゅうかん》は、法然没後の法難といわれた嘉禄の法難（一二二七年）に巻き込まれて奥州に流される途中、鎌倉からほど近い相模国飯山に留まった。これは隆寛を護送する役目であった森（毛利）入道西阿《さいあ》が隆寛に帰依し、自分の領地である飯山に招いたからである。これを聞いた北条一族の大仏朝直《おさらぎともなお》は、隆寛を訪ね、「願はくば家業を捨ずして、生死を離るべき道を教へ給へ」（『隆寛律師略伝』）と求めている。ちなみに、奥州の配所には、同行してきた隆寛の弟子が代わりに赴いたという。

曹洞宗の道元も、越前国永平寺から鎌倉にやってきて半年滞在した。執権北条時頼や、道元の援助者で相模国秦野に本拠を持つ波多野義重の招きによるものである。浄土宗第三祖とされる然阿《ねんな》良忠も、はじめ京都で布教したときはほとんど注目されなかった。しかし鎌倉に入って大仏朝直に歓迎され、のちに京都へ向かうと、「衆人輻湊《しゅうじんふくそう》して法を聞き結縁《けちえん》することと、昔日に陪す」（『然阿上人伝』）と大歓迎された。

ほかにも、真言律宗の忍性《にんしょう》や叡尊《えいそん》、法華宗（日蓮宗）を開いた日蓮も鎌倉で熱心に布教した。また中国から来日した禅僧である蘭渓道隆《らんけいどうりゅう》・無学祖元《むがくそげん》・兀庵普寧《ごったんふねい》・大休正念《だいきゅうしょうねん》らも、北条氏の招きによって鎌倉に入り、高名になっている。

つまり京都およびその付近で不遇であった僧や無名の僧で、新天地である鎌倉へ来て成功し、名声と勢力をかちえ、全国的に知られるようになった例は多かったのである。一遍も、名声が欲しいわけではないけれども、今後の布教活動の行方を鎌倉に入ることによって占いたかったのである。

鎌倉に入る前には、「ながさご」に三日間滞在して準備をしている。「ながさご」というのは、現在の神奈川県藤沢市長後《ちょうご》という説と、同じく横浜市港南区上永谷町永作《ながさく》であるという説と二つある。

一遍の鎌倉入り

一遍は強く決意して巨福呂坂《こぶくろざか》から鎌倉に入ろうとした。鎌倉は一方は海、他の三方は山という要害の地であるが、「ながさご」から地理的に入りやすいのは巨福呂坂からである。この坂は、鶴岡八幡宮の西北の方向にある。そのころ、今日の鎌倉市大船を含み、巨福呂坂に至る広大な地域は山内荘《やまのうちのしょう》と呼ばれていた。ここは十三世紀の初め以来、北条氏の本家（得宗《とくそう》）の領地となっていた。

鎌倉には狭い地域のなかに多くの御家人の領地と家があり、武家政権の支配者である得宗にとっては油断のならない地域でもあった。その点、鶴岡八幡宮から巨福呂坂を通って出る山内荘は、得宗にとって心を許せる所であった。それは、ここに建長寺（北条時頼建立）・円覚寺（北条時宗建立）・東慶寺（時宗夫人建立）などが次々に建立されていったことでもわかる。なお、無学祖元を開山とする円覚寺は、一遍が来たときにちょうど建築中であった。鎌倉の町から山内荘へ行くには、特に事情がないかぎり、巨福呂坂を通らねばならない。

一遍の意気込みに対し、ある人が、今日は北条時宗が山内荘へ出かける日なので、巨福呂坂を通って鎌倉へ入ろうとするのはまずい、と忠告した。しかし一遍は、考えるところがある、とその忠告を振り切って巨福呂坂を登り、下って鎌倉の市街に入る木戸を通った所で、はたして執権北条時宗の一行に遭遇してしまう。

二、三十人もの乞食同然の姿をした集団が恐れ気もなく進んでくるので、警護の武士がこれを制止するが、一遍は無理に通ろうとする。これはもう治安問題である。そこで武士は、下役の小舎人に脅しのために時衆を殴らせ、一遍と次のような問答をする。武士は、執権の前でこんな勝手なことをしてよいのかと、

汝、徒衆をひきぐする事、ひとへに名聞《みようもん》のためなり、

お前が弟子たちを引き連れているのは、ただ名声をあげるためにしかすぎまい、「制止の注意を聞かずに鎌倉に乱入しようとするのは納得がいかない」と厳しく責めた。当時、「名聞」を求める態度の僧は非常に嫌われていた。逆に、名聞を求めない、というのは僧に対するほめことばとなっていた。たとえば源頼朝は、重源に対し「名聞を存ぜざるの条、

世間に隠れなし」とほめたたえている。「ひとへに名聞のため」であろう、といわれるのは非常な侮辱であった。しかし、一遍は落ち着いて次のように答えた。

法師にすべて要なし、只人に念仏をすゝむるばかりなり、

私には世間で何も欲しいものはない。ただ、このように人に念仏を勧めているだけである。「あなたがたも、いったいいつまで生きてこのように仏教を迫害していられると思っているのだ。現世で重ねた罪に引かれて地獄に堕ちるときには、この念仏にこそ助けていただかねばならないのに」。

すると武士は何もいわず、いきなり一遍を杖で二回打った。しかし一遍は、

怨憎《おんぞう》を捨てざるは大悲に由《よ》る、

怨みや憎しみを持つ者も捨てずに救うのは、阿弥陀仏の大きな慈悲にもとづくのである、という立場から、少しも痛がる様子はなく、逆の関わりであってもこの武士が仏法に縁を結べたことを喜んだ。そして、

念仏勧進をわがいのちとす、しかるを、かくのごとくいましめられば、いづれのところへかゆくべき、こゝにて臨終すべし、

ここで死ぬ、と宣言してしまう。

この様子を見た武士たちの態度は微妙に変化した。一遍は名声を求めるような種類の僧ではなく、真に仏法を求め、念仏を説こうとする僧であることが感じられてきたのであろう。武士は「鎌倉の外ならば問題はない」と妥協案を出す。そこで一遍たちは木戸を出て、その夜は山のそばの道のほとりに座って念仏を唱えていた。一応、鎌倉入りは失敗したかっこうである。

すると予想外のことに、鎌倉中の人びとが大勢集まってきて念仏を受け、また食事などを差し入れてくれた。とうとう、一遍の布教活動が社会に認められるときが来たのである。念仏布教のためには弾圧や死をも恐れぬ一遍の態度に、鎌倉の人びとは僧の理想の姿を見たのであろう。

片瀬の浜の地蔵堂

三月二日、片瀬《かたせ》の館の御堂で断食して念仏していると、上総の生阿弥陀仏という者が六日に往生院に招いた。さらに招く者がいたので、翌日片瀬の浜の地蔵堂に移ってしばらくたつと、踊り念仏を行なった効果もあったのか、

貴賤あめのごとくに参詣し、道俗雲のごとくに群集す、

という状況になった（『一遍聖絵』第六巻第一段）。一遍の人気の高まり具合が想像される。この地蔵堂は、藤沢市片瀬三丁目の小字である地蔵面にあったと推定されている。

片瀬の浜の地蔵堂での踊り念仏（『一遍聖絵』第6巻第3段，遊行寺蔵）

ところで、『一遍聖絵』第六巻第一段では「三月の末に紫雲が立って花が降った。こののちは、折りにふれてこのような奇瑞《きずい》があった」と記し、『遊行上人縁起絵』第二巻第四段では「紫雲の立つ朝もあり、華の降る夕もあった。瑞相《ずいそう》は一つだけではなかった」と記してある。これにはどのような意味があるのであろうか。

奇瑞、あるいは瑞相

奇瑞あるいは瑞相は、仏教の不可思議な力を目に見えるように示したものである。特に、紫雲が立ち、空から妙なる音楽が聞こえ、花（華）が降り、よい香りが部屋に満つ、などがその典型的な様相である。このような様相が現われたときには、極楽往生できたとか、阿弥陀仏が出てきたとか、いずれにしても救済の世界が目の前に出現したことの証拠になるのである。

一遍の信仰では、しかしながら、本来このような奇瑞とは無縁であった。それがこの片瀬の浜の地蔵堂での布教活動から、瑞相がささやかれるようになった。一遍自身は、

花の事ははなにとへ、紫雲の事は紫雲にとへ、一遍しらず、

と突き放しているが、一遍を取り巻く雰囲気が神秘性を帯びてきたのは明らかである。やがて一遍自身もごく自然に奇瑞を認めていく立場を取る。『一遍聖絵』の制作者である聖戒は、むしろ強く奇瑞を望む思いを持っていたようで、同書に右の記事に続けて、中国の

道綽《どうしゃく》・幷州《へいしゅう》開化寺《かいけじ》の沙弥兄弟・延暦寺座主僧正増命《ぞうみょう》・肥前の前司《ぜんじ》貞泰《さだやす》・美作《みまさか》国の者に関して、さらには河内国の例・伊予国の例など、堰を切ったように奇瑞の話が列挙してある。

詫間の僧正

片瀬の道場にいる一遍に、鎌倉の詫間《たくま》に住んでいる僧正公朝《こうちょう》が手紙を送ってきた。そのなかに次の和歌が記してあった（『一遍聖絵』第六巻第三段・『遊行上人縁起絵』第二巻第四段）。

くもりなき　そらにふけ行　月も見よ
　こゝろはにしに　かたぶける身ぞ

曇りなく晴れ渡った空（仏教の世界）に、西に傾いていく月（一遍のこと）もご覧ください。その月とともに心が西方極楽浄土に傾き、ひきつけられていく私のことを。詫間の僧正は、自分を一遍に注目してほしいのである。そして西方の極楽に導いてほしい。

一遍の返歌。

くもりなき　そらはもとより　へだてねば
　こゝろぞ西に　ふくる月かげ

仏教では誰を不公平に扱うということはありませんから、月と一緒に誰の心も平等に西方極楽浄土に向かうのです。あなたも一緒に極楽をめざしましょう。

　奇瑞の問題に関わっているより、和歌のやりとりをしているほうが一遍にとって気楽であったことは間違いあるまい。

充実した布教の旅

東海道から京都へ

三島神社参詣

弘安五年（一二八二）七月、一遍は片瀬を出発して京都に向かった。伊《い》豆国一宮《ずのくにいちのみや》である三島神社に到着した日には、日中から日没まで紫雲が立ったと『一遍聖絵』第六巻第一段に記されている。三島神社は、現在の静岡県三島市大宮町にある。三島神社は、一遍の時代には伊予国の三島大明神（大山祇神《おおやまつみのかみ》）を勧請したとされていた。しかし、もともとは両者は無関係で、伊豆の三島神は伊豆諸島の噴火や造島を司る神であったと考えられる。「三島」は「御島《みしま》（伊豆諸島の島々）」のことである。

一遍が三島神社に着いたときに、時衆が一度に七、八人亡くなった。神祇信仰では死の穢《けが》れを嫌うが、このとき神官はその穢れの祟《たた》りに遭《あ》うことなく、一遍の念仏を受けたという。

「あぢさか」の入道の入水往生

一遍が駿河国井田（未詳）を通ると、武蔵国の住人「あぢさか」の入道なる者が時衆に入りたいと希望してきたが、一遍は認めなかった。ではどうすれば生死の迷いの世界を離れることができますかという入道の質問に対し、一遍は、

たゞ念仏申てしぬるより外《ほか》は別事《べつじ》なし、

と答えている（『遊行上人縁起絵』第二巻第五段）。それは簡単なことです。では蒲原でお待ちしますと、入道は一遍のもとを去った。

あぢさかの入道は先に蒲原に行き、富士川の岸で馬につないだ縄を解いて腰につけた。どうも川に入るらしいと感じた入道の家来たちが騒ぎ始めた。入道は、

南無阿弥陀仏と申てしねば仏来迎し給、

と一遍上人がおっしゃったから、「急いで極楽浄土へ行くのだ。なごりを惜しむな」と、念仏を唱えて富士川の水のなかに沈んだ。すると空には紫雲がたなびき、西のほうから妙なる音楽が聞こえてきたという。しばらくして家来が縄を引き上げてみると、あぢさかの入道は合掌姿が少しも乱れておらず、立派な死に様であった。

さて一遍は、あぢさかの入道から救われる方法を尋ねられ、「ただ念仏申てしぬ」よりほかに特別な方法があるわけではない、と答えた。ところが、入道はこの「死」を肉体的な死と受け取ったのである。無理もない。

しかし一遍の信仰においては、「死」すなわち臨終は必ずしも肉体的な死を意味するものではない。発心して南無阿弥陀仏と唱える現在ただ今が臨終のときなのであり、極楽往生のときなのである。『遊行上人縁起絵』第二巻第四段に「只今《ただいま》の称名の外に臨終あるべからず」とある思想である。この思想は後世の時宗教団で「平生即臨終《へいぜいそくりんじゆう》、臨終即平生《りんじゆうそくへいぜい》」と呼ばれたものである。

富士川で入水往生したあぢさかの入道の行為は、決して誰にでも認められるものではない。なぜなら、自分で入水することによって極楽へ往生しようというのは、自分の力に頼っているのであるから、法然以来の専修念仏《せんじゆねんぶつ》の信仰とは根本的に異なる。いわゆる自力の信仰である。入道が「ただ念仏申てしぬ」ことを肉体的な死と勘違いしたからには、一遍の信仰を正しく受け取ったことにはならない。ところが入道が「それは簡単なことです」と反応したとき、現世に対する執着心はすっかりなくなり、極楽浄土に迎えられる条件が整ったのである。まさに捨聖である。こうして入道は入水往生を遂げたのであった。

しかし一遍は、入道の肉体的な死に自分が強く関わったことに心の痛みを感じたのである。その気持を次の歌に託した。

心をば　にしにかけひの　ながれゆく
　　水のうへなる　あはれ世の中

懸樋《かけひ》の上を水が流れていくように心を西方浄土に繋《か》けて、無事に極楽往生したいと思いながらこの世に生きている身は、水の上の泡沫《ほうまつ》のように消えやすく、はかないものだ。一遍はこのようにあぢさかの入道の入水往生を憐れんだ。

弘安六年（一二八三）、東海道を西に進んでいた一遍は、尾張国の萱津《かやづ》の宿に到着した。現在の愛知県海部郡甚目寺町字上萱津・中萱津・下萱津と、名古屋市中村区東宿《ひがしじゆく》の地である。

萱津の宿

萱津の宿は東海道に沿った宿で、京都から伊勢路を通る旧東海道と美濃路を行く新東海道の合流点のすぐ近くにある。また美濃・尾張地方で木曾川と並ぶ重要河川の庄内川の渡し場という、交通の要所である。

宿とは、営業的旅宿を中心として成立した交通集落で、江戸時代に宿場町と呼ばれる集落の原型である。平安時代末期から海道沿いに発生し、鎌倉時代には各地に存在していた。

宿は交通の要所にあるので、商業の盛んな場所にもなりやすい。そこで宿のなかには市(市場)のある所も多かった。鎌倉時代の仁治三年(一二四二)に成立した『東関紀行《とうかんきこう》』に、

萱津の東宿の前をすぐれば、そこらの人あつまりて、里もひびくばかりにののしりあへり、今日は市の日になむあたりたるとぞいふなる、

とその賑わいの様子が描かれている。

また宿に住む人びとのなかには、新興の財力ゆたかな商人や宿屋主が多く存在したのである。彼らはまた、従来の宗教にあきたらず、新しい信仰を求めている者も多かった。ここに一遍の活躍する余地があった。

萱津の宿に到着した一遍は、そこにあった道場で正午ごろに念仏の法要を行なった(日中の念仏)。すると、伊勢大神宮が蜂の姿でやってくるという一遍の予告どおり、道場に大きな蜂が充満したけれど、人を刺すこともなく、日中の念仏が終わるとみな飛び去ったという(『一遍聖絵』第七巻第一段)。

甚目寺

ついで一遍たちは近くの甚目寺《じもくじ》に移った。同じ甚目寺町にある、古代から観音信仰で知られた寺院である。本尊の観音は、推古天皇の時代に海底から出現した紫金《しこん》の観音像で、善光寺如来の脇士であるとの伝説を持っている。そして観音

信仰のほかに、観音菩薩と阿弥陀仏との関係の親しさから、鎌倉時代には阿弥陀信仰の寺ともいわれるようになっていた。

一遍と時衆は甚目寺の僧の要請もあり、ここで七日間の念仏の法要を行なうことにした。ところが何せ数十名の大人数なので、まもなく甚目寺側が準備できる食料がそこをついてしまい、寺僧は困っていた。しかし一遍は、断食して法要を続けても大丈夫だから、必ず七日間の法要をやり遂げるという。確かに、衣食住を捨てた一遍であるから、食事がなくて法要の途中で命を失うことになろうとも問題になろうはずがない。

ところがその夜、萱津の宿の徳人《とくにん》二人が、甚目寺の本尊の脇士である毘沙門天《びしやもんてん》から、一遍は大切なお客なので必ず食事の援助をするようにとの夢告を同時に受けた。翌朝、二人はさっそく一遍に会いにきて夢の話をし、食事を差し上げたという。

徳人と毘沙門天

毘沙門天から夢告を得た徳人というのは、中世の記録によく現われる有徳人《うとくにん》のことで、経済力の豊かな人のことである。それは商人であることが多い。毘沙門天は仏教の修行者を守り（仏法守護《ぶつぽうしゆご》）、また人びとを経済的に豊かにする（福徳施与《ふくとくせよ》）という二つの誓願《せいがん》を持っている。このうち、特に後者に関する信仰が室町時代から江戸時代にかけて盛んになる。毘沙門天を信仰してお金持ちになろうということとである。

鎌倉時代後期ではこの福徳施与についての信仰はいまだ盛んになってはいないのだが、萱津の宿の徳人たちはすでにそれを持っていたのである。そういえば文永七年（一二七〇）、遠江国の橋本の宿の長者妙相《ちょうじゃみょうそう》は毘沙門天に対する信仰のあまり、毘沙門天像を造立して近隣の応賀寺《おうがじ》に寄進している。橋本の宿は現在の静岡県浜名郡新居町浜名である。長者というのは、遊女宿の主人であり、長者自身も遊女である。豊かな経済力を有しているることが多い。有徳人である。東海地方は比較的早く毘沙門天の福徳施与に対する期待と信仰が高まった地域ということができようか。

踊り念仏非難

一遍が尾張国から近江国に移り、守山の閻魔堂に滞在していたとき、比叡山延暦寺東塔の桜本の兵部竪者重豪《ひょうぶじゅしゃじゅうごう》という僧がやってきて、踊り念仏を非難した。踊りながら念仏を唱えるのはけしからん、というのである。非難の根拠について、重豪ははっきりいってはいないが、一遍が亡くなってから六年後の永仁三年（一二九五）に著わされた『野守鏡《のもりかがみ》』では、二つの点で踊り念仏を非難している。

非難の論点の第一は、一遍は無量寿経にある「踊躍歓喜《ゆやくかんぎ》」という文を誤って解釈している、というものである。確かに一遍は、踊り念仏の正当性を示す経典上の根拠にこの文をあげている。この文を「躍り上るような歓喜」と解釈しているのである。しかし『野守鏡』は、それは大きな歓喜の形容であって、実際に踊りだすことではない、今までの高僧たちは誰一人としてそのようなことはいっていない、と断じる。南北朝時代の永和三年（一三七七）に成立した『破邪顕正義《はじゃけんしょうぎ》（鹿島問答《かしまもんどう》）』も、踊り念仏を同様の理由で非難している。

第二点は、踊り念仏を行なう者たちが風俗的に乱れているというのである。裸になって踊りまわり陰部も隠さないとか、一遍の小便を薬だといって争って飲むとか、そのような非難である。永仁四年（一二九六）に成立した『天狗草子絵巻《てんぐそうしえまき》』でも同様である。

一遍は新しい信仰をかかげ、鎌倉において一挙に人気が高まった。踊り念仏も人気を呼んだ。東海道を西に進む彼らは大きな話題を提供しつつあったのである。踊り念仏が非難されたのは、それだけ踊り念仏と一遍が世のなかに知られてきた証拠である。

重豪との踊り念仏問答

延暦寺の重豪が、踊り念仏を非難したところ、一遍は次のように和歌で答えた。『一遍聖絵』第四巻第五段である。

はねばはねよ　をどらばをどれ　はるこまの
のりのみちをば　しる人ぞしる

元気よく跳ねまわる春の牧場の馬のように、跳ねたければ跳ね、踊りたければ踊って念仏するのがよい。跳ねまわる馬に乗る方法を知っている人は知っているように、念仏の唱え方も真に念仏を知っている人はわかっているのだ。

また重豪の非難。

心ごま　のりしづめたる　ものならば
　さのみはかくや　おどりはぬべき

跳ねまわる馬を乗り静めるように、跳ねまわるような気持であっても、その気持を安定させることができれば、そんなに踊り跳ねまわらなくてよいではないか。

再び一遍の答え。

ともはねよ　かくてもをどれ　こゝろこま
　みだのみのりと　きくぞうれしき

ともかく、跳ねまわりたければ跳ねまわり、踊りまわりたければ踊りまわりなさい、心のなかの春の馬よ。阿弥陀仏の救いの教えであると聞くのは、ほんとうに跳ねまわりたくなるようなうれしさであるのだ。

一遍の説明に感動した重豪は念仏の行者になったという。しかし、いくら踊り念仏を非難しているといっても、和歌で問いかけ、また一遍も和歌で答えるとは優雅なものである。和歌というのは、神仏の意志を人間に伝える能力も持つと、古代・中世の人たちは考えていた。その観点からみれば、一遍と重豪の和歌による問答は、それぞれが背負う神仏の力比べといった性格を持つことにもなろう。一遍が信奉する阿弥陀仏が勝った、ということになろうか。

なお、『遊行上人縁起絵』第三巻第二段にもほぼ同様の話がある。こちらでは重豪のかわりに比叡山桜本兵部阿闍梨宴聡《あじゃりえんそう》となっている。

横川の真縁

もう一人、比叡山から下りてきて一遍の様子を見にきた僧がいる。それは真縁《しんねん》（心縁）である。一遍が草津《くさつ》（現在の滋賀県草津市）まで進んだときであった。真縁は俗名を平輔兼《たいらのすけかね》といい、身分は正四位下少納言、後嵯峨上皇の寵臣《ちょうしん》であった。後嵯峨上皇は、鎌倉幕府と手を結んで朝廷政治に強力な指導力を発揮し、政局の安定に大いに寄与した人物である。その院政は二四年間にも及んだ。真縁はその上皇の若手の有力な近臣であった。

しかし文永五年（一二六八）、後嵯峨上皇は出家して引退、真縁も現世に望みを絶って同じく出家、比叡山の横川《よかわ》に入った。そしてこの世界でも大きな力を持ったことは、歴史

史料的価値の高い『五代帝王物語』に、真縁は、

ゆゝしき大ひじりに成て、心縁上人とて、天下に用いられ、諸人を化導《けどう》してぞ侍める、

とあることでも察せられる。信仰上では、強い法華経信仰を抱く天台宗の正統を受けていた。

一遍の名はようやく広まって、延暦寺の僧たちも一遍を警戒し始めていた。近江国には延暦寺の荘園が多いが、そこでは一遍に帰依《きえ》することを禁止するとの通達が出ていたのである。そのなかで真縁は、元来が政治的能力にたけていたためか、気楽に一遍の様子を見にきた。その結果、一遍はすぐれた人物であり、時衆は危険な集団ではないと判断し、延暦寺の方針を転換させた。延暦寺領内での一遍の布教は保障されたのである。

真縁が送ってきた手紙に対する一遍の返事に、阿弥陀仏の名号のすぐれていることと、これを心を尽くして修すべきこととが説いてある。そのなかに、

唯南無阿弥陀仏の六字の外に、わが身心なく、一切衆生にあまねくして、名号これ一遍なり、

との文がある（「山門横川の真縁上人へつかはさるゝ御返事」『一遍上人語録』上）。また、真縁は次のような歌を詠んで一遍に送った。

すみすまぬ　こゝろの水の　色々に
　うつりうつらぬ　雲のみゆらん

澄んだり澄まなかったりする一定でない私の心の水に見えるさまざまな色は、阿弥陀仏の来迎の雲が映ったり映らなかったりしているようです。私はまだ平静な悟りの境地を得ていないので、救いの世界に確信が持てていませんが、どうやらほんとうに救済はあるようですね。

真縁は一遍に対して率直に心を開くとともに、一遍の反応を試してもいるのである。この歌への一遍の返歌。

すみすまぬ　こゝろは水の　泡なれば
　消たるいろや　むらさきの雲

澄んだり澄まなかったりするのは、単に水の泡の色が原因であって、阿弥陀仏の来迎とは関係ありません。その水の色が何もないように感じられる心の状態になれば、それこそ阿弥陀仏の来迎のしるしである紫の雲が映っていることになるのであり、救いの世界に入っていることになるのです。

関寺

草津を出発して京都へ入る直前の関寺《せきでら》において、一遍は踊り念仏を行なった。関寺は滋賀県大津市関寺町にあった寺で、逢坂《おうさか》の関の東にあったと伝え、世喜寺《せきでら》とも書いた。当時は園城寺の末寺であった。はじめ、園城寺は一遍が関寺に入るのを禁止したので、その夜は関所のそばの草堂に立ち寄った。しかし、のちに許されて関寺で法要を行なった。園城寺の高名な僧たちもやってきて、一遍と別れるのを惜しんだので、七日間の法要の予定を一四日間に延ばしたという。『一遍聖絵』第七巻第二段の該当部分の絵には、関寺で盛んに踊り念仏を行なう一遍および時衆と、それを取り巻いて見物する大勢の僧・俗の姿が描かれている。

京都入り

京都四条京極の釈迦堂

弘安七年（一二八四）閏四月十六日、一遍は関寺から加茂川を越えて四条京極の釈迦堂に入った。『一遍聖絵』では、一遍の伝記で特に重要なできごとには年だけではなく、月日が記してある。一遍は捨聖となってから、三回にわたって京都に入っている。弘安七年はその第三回目である。そしてこの京都入りは特に印象深かった。釈迦堂は、現在の京都市中京区新京極通四条上ル中之町にある染殿《そめどの》院《いん》がその名残であると考えられる。染殿院は地蔵菩薩を祀って一般に染殿地蔵と呼ばれているが、かつては釈迦如来を祀っていたので四条京極釈迦堂と呼ばれていた。

四条京極の釈迦堂において、一遍は京都の貴賤上下の人たちの大歓迎を受けた。『一遍聖絵』第七巻第三段の該当部分の絵には、一遍をめざして集まる無数の人びとが釈迦堂の境内の内外に描かれている。貴族の牛車が十余台も無理に入り込んでいる。そのひしめきのなかで一人の時衆の肩車に乗った一遍が、名号札を一人一人に配っている。名号札は一遍が直接手渡すところに意味があるのであって、他の人、たとえば時衆が手渡すのでは意味がないと思われていた。そこで人びとは名号札を求めて一遍のまわりに群がることになるのである。

京都での大盛況

京都の人びとの大歓迎は、鎌倉入り以降の評判がすでに京都に到達していたからである。近江国の守山での重豪あるいは宴聡《えんそう》、草津での真縁《しんねん》、大津での園城寺の僧の一遍に対する高い評価が、京都釈迦堂での人気沸騰の直接の背景となっていたと考えられる。

一遍は釈迦堂に一週間滞在していたというが、実はこの間、京都には豪雨と洪水の災害が降りかかっていた。勘解由小路兼仲《かでのこうじかねなか》の日記『勘仲記《かんちゆうき》』によると、一遍が京都に入った閏四月十六日は雨で、翌日は「洪水、洛中に溢《あふ》る」という状況であった。したがって、京都釈迦堂での大盛況を語る部分の『一遍聖絵《いっぺんひじりえ》』と『遊行上人縁起絵《ゆぎようしようにんえんぎえ》』の詞書《ことばがき》・絵は、多少割り引いて考えねばならないが、一遍にとって好ましい大歓迎を受けたには違いある

四条京極の釈迦堂での一遍（『一遍聖絵』第7巻第2段，遊行寺蔵）

まい。彼の布教生活の絶頂期であった。

一遍は釈迦堂から因幡堂《いなばどう》へ移った。前回の京都入りのとき、はじめ堂内に入って宿泊するのを拒否され、夜半になって中へ入れてくれた寺である。一遍にとって感慨深い寺の一つであった。この因幡堂にいたとき、

土御門入道前内大臣の帰依

土御門《つちみかど》入道前内大臣《にゅうどうさきのないだいじん》が一遍に念仏の教えを受けにやってきた。この人物は俗名を中院《なかのいん》通成《みちなり》といい、かつて後鳥羽天皇のもとで朝政を牛耳り、源博陸《げんはくりく》と呼ばれた内大臣源（土御門）通親の孫である。博陸とは関白の唐名である。源通親は源氏なので関白にはなれないが、関白同様の実権を握っていたのである。その子孫（久我《こが》、土御門、中院を称した）も朝廷のなかで隠然たる勢力を有した。

土御門入道前内大臣は、帰宅したのち、次のような和歌を一遍に送った。

一声を　ほのかにきけど　ほととぎす
　　なほさめやらぬ　うたたねのゆめ

魅力的なほととぎすの一声のような、大切な南無阿弥陀仏の一声をほのかにお聞きしましたが、まだ現世のうたたねの夢は醒めきれず、迷いから抜けきれない私です。

一遍の返歌。

郭公　なのるもきくも　うたたねの
　ゆめうつつより　ほかの一声

南無阿弥陀仏をほととぎすの声と思って受け取っているならば、それでは鳴くのも聞くのも現世の夢から醒めることはできません。ほんとうの南無阿弥陀仏は、夢も現実も超えた一声でなければなりません。そこにこそ救いがあります。

入道の和歌から察せられるように、入道はすでに出家して現世を捨てることの重要性は理解しつつも、なおかつ現世に対する執着心を捨てきれないでいる。そこへ現われた捨聖一遍にひきつけられるものを感じたのである。むろん入道は高名で徳を積んでいそうな僧が来たと聞いたから一遍に会いにきただけ、ということもいえる。ところが一遍の教えにほんとうに感動したようで、二年後の弘安九年、一遍が尼崎《あまがさき》にいたとき、また和歌を送った。

ながきよの　ねぶりもすでに　さめぬなり
　六字のみなの　いまの一声

このことを記す『一遍聖絵』第九巻第三段では「土御門内府《ないふ》于時大納言」と記されている。しかしこの和歌は明らかに前の土御門入道前内大臣の和歌に対応するものであり、

「土御門内府于時大納言」は誤記と考えられる。もし誤記でなく記述は正しいとするならば、土御門内府とは弘安九年に正二位大納言で関白に任ぜられていた土御門定実か久我通基のこととなる。

いずれにしても入道の俗世間上の地位からわかるように、一遍のうわさは朝廷の上流貴族たちの間にも広まっていたのである。ここに、のちに貴族層の援助によって『一遍聖絵』や『遊行上人縁起絵』が作製されるきっかけができたというべきである。事実、『一遍聖絵』は土御門家の有力者の援助があったとする説が近年有力になっている。

こののち、一遍は雲居寺《うんごじ》、六波羅蜜寺《ろくはらみつじ》等を巡拝して、市屋《いちや》の道場に入った。

空也の遺跡

雲居寺は京都市東山区下河原町にあった寺で、天治二年（一一二五）に八丈の阿弥陀仏像が安置された。これは東大寺の大仏と並び称されるものであったといい、法然《ほうねん》も参籠《さんろう》したことがあったと伝えられている。

六波羅蜜寺は現在の京都市東山区轆轤《ろくろ》町にある、空也《こうや》の開基の寺である。空也は、一遍が、私の先達《せんだつ》である、と慕っていた平安中期の念仏僧である。しかし一遍は、この寺よりも同じ空也に関わる市屋道場のほうにいっそうの魅力を感じていたようである。市屋道場は、かつて京都市の七条大路北、堀川西の東市の地にあった。現在、京都市下京区六条通河原町西入ル本塩竈町にある金光寺がその系譜を引くという。

一遍は市屋道場に数日滞在した。彼がいうように、空也が踊り念仏を開始した人物であるかどうかは確認できないが、少なくとも一遍はそのように考え、他の人たちにもそう教えていた。また阿弥陀聖あるいは市聖と呼ばれ、現世に何の執着もなく念仏を説く空也の姿に、一遍は宗教生活の理想を見たのである。

勢至菩薩の化身

市屋道場に滞在していたとき、住職の唐橋法印印承《からはしほういんいんしょう》が一遍は勢至菩《せいしぼ》薩《さつ》の化身で崇拝すべき人であるとの夢を見たと、それを霊夢の記としてまとめて持ってきた。一遍は、大切なのは念仏です、私が勢至菩薩でなければ念仏を信じないのですかと、印承を戒めた。徳の高い僧が仏・菩薩の化身であるという話は、よくあることである。奈良時代の行基《ぎょうき》は文殊《もんじゅ》菩薩の化身といい、法然は一遍と同じく勢至菩薩、親鸞は観音菩薩であったなどという話である。

一遍は勢至菩薩の化身であるという話は、以後の時宗教団で受け継がれていった。事実上時宗教団の組織的基礎を固めた真教は、観音菩薩の生まれ替わりとされるようになった。なお、この印承は一遍に帰依して時衆となり、作《さ》阿弥陀仏という阿弥陀仏号を授けられている。

また従三位藤原基長も、一遍について夢にめでたいお告げがあったと、瑞夢の記を持ってきた。しかしこれも一遍はありがたがりはせず、信心が起きればよいことだ、といってそのままほったらかしておいたという。

一遍の神格化が進むなかで、いらつく一遍、という図である。

一遍への疑問

一遍は、はじめの四年間の孤独の遊行生活ののち、時衆を引き連れることになった。当然、捨聖が弟子を連れ歩くとはなにごとだ、という疑問がまわりの人たちから出ることになる。弟子を財産と考えているのか、結局現世に執着しているのではないか、という疑問である。これについては、一遍よりも弟子たちのほうが気にした。『一遍聖絵』の制作者聖戒は同書第七巻第三段で次のように弁明している。

救済の目的で人に接することは前世からの因縁に任せていましたので、時衆を引き連れる結果になっていました。それでも、一遍の心は時衆に執着するということはありませんでしたし、体には塵一つも貯えようとはしませんでした。決して時衆を財産として扱っていたのではありません。それに一遍は、一生の間絹綿のたぐいの着物を身につけることはなく、金や銀で作られた高価な道具を手にすることもなく、酒肉五辛を絶つなど一〇種の戒律を厳しく守りとおしました。一生の間、捨聖に徹したのです。……聖戒はこのように一遍を弁護している。これに関わる一遍の和歌。

　をのづから　あひあふときも　わかれても
　　ひとりはをなじ　ひとりなりけり

たまたま人と会っているときも、一人でいるときも、一人の人間は一人なのだ。一人で生き、生活し、死ぬのが本来の姿なのだ。

一遍は、市屋道場から郊外の桂《かつら》へ移動した。ここでしばらく病気になってしまう。遊行生活も一一年目に入り、一遍はそろそろ疲れが出てきたようにみえる。このとき、一遍は四十六歳である。

中国から四国へ

山陰遊行

弘安七年（一二八四）の秋、一遍は北から西の方角の地域をめざした。篠《しの》村から穴太《あのう》（いずれも京都府亀岡市）に到着したところで、腹の病いにみまわれ、二週間の滞在を余儀なくされた。翌年、丹後の久美《くみ》の浜（京都府熊野郡久美浜町）、但馬国のくみという所、あるいは因幡国、さらには伯耆国逢坂《おうさか》（鳥取県西伯郡中山町）、美作国一宮《いちのみや》（岡山県津山市一宮・中山神社）などをめぐった。この間の遊行に関して、『一遍聖絵』は一遍に関わるさまざまの奇瑞を記している。

たとえば、美作国一宮を離れて別の所へ行っていたとき、一宮の一《いちのね》禰宜《ぎ》の夢に、一宮大明神がもう一度一遍を招くようにと要請したという。再び一遍が参詣すると、中庭の大釜が大きな音を出して鳴り響いた。不思議に思った宮司が巫女《みこ》に神意を占わせると、この釜で炊いた食事を一遍に差し上げたいと思っているという託宣があった。そこで粥《かゆ》を炊いて差し上げると、釜は静かになったという。

山陰から戻って、弘安九年に四天王寺や聖徳太子の墓である磯長陵《しながりょう》に参詣したときにも奇瑞があったと、『一遍聖絵』は伝える。

四天王寺

四天王寺は一遍にとって思い出の深いところである。賦算《ふさん》を開始した所である。一遍が再び参詣したとき、寺のほうでは困っていた。なぜなら、当時毎日出していた三粒の仏舎利が、壺のなかから出ないことがあった。それが何日も続いた。仏舎利が機嫌を損ねたといったことらしい。そのことを知った一遍が七日間祈請してあげたところ、三粒の仏舎利に全部壺のなかから出てもらうことができた、というのである。

仏舎利は単なる骨ではなく、それ自体が信仰の対象である。鎌倉時代には、正しい、本来の仏教に近づきたいと、釈迦如来と聖徳太子への信仰がもりあがった。釈迦如来はいうまでもなくインドでの仏教の開祖、聖徳太子は日本の仏教の祖とされていたからである。釈迦如来に直接会って教えを請うことはできないが、すこしでも近づきたいと、仏舎利に対する信仰も高まった。仏舎利は肉身の釈迦如来の遺骨である。この信仰は宗派を越えて高まっていた。一遍はその仏舎利を動かす能力があるということになるから、寺僧は驚き、参詣の人びとは一遍を尊敬したという。

一遍は四天王寺でさらに参籠を続けた。この間、あるときは花が降り、あるときは空に紫雲がたなびいたという。

聖徳太子の墓　四天王寺を出た一遍は、住吉神社を経て、聖徳太子の墓である磯長陵《しながりょう》に三日間参詣した。現在の大阪府南河内郡太子町である。聖徳太子に対する信仰も、宗派を越えて盛んであった。

一遍が参籠して第三日目、日中の念仏の法要が終わって太子廟を拝んだとき、何か奇瑞があったという。一遍はこのことを真教だけに教えた。この年の暮に一遍がまた四天王寺にいたとき、磯長陵の僧である宗円と豪海の二人の阿闍梨《あじゃり》がこのことを問いただしにきた。一遍はそのときの様子を語り、信仰心のない者がそしるといけないので、寺の記録には残してもよいが、公表してはいけないと話したのである。

それにしても、これらのことを語る『一遍聖絵』では、一遍の実像が見えにくくなってきているといわねばなるまい。

一遍たちは、聖徳太子の墓から東に山を越えて当麻寺《たいまじ》に入った。現在の奈良県北葛城郡當麻町當麻である。当麻寺は古く白鳳時代から存在した寺で、天平宝字七年（七六三）に、阿弥陀仏と観音菩薩が現われて蓮の糸で織り上げたという伝説を持つ当麻曼荼羅《たいままんだら》（国宝）がある。当麻曼荼羅は観無量寿経にもとづく極楽浄土のありさまを絵に表わしたものである。全国各地にある当麻曼荼羅の原本である。浄土宗西山派の開祖証空は、この当麻曼荼羅に熱心な信仰を示し、かなりの数の模本も作っている。

当麻寺と称讃浄土経

一遍は当麻寺の寺僧から称讃浄土経《しょうさんじょうどきょう》一巻の寄贈を受けた。この経典の名称は、正しくは称讃浄土仏摂受経《しょうじゅ》という。阿弥陀経の異訳《いやく》である。中国と日本で一般的に用いられてきた阿弥陀経は康僧鎧《こうそうがい》という人の漢訳であるが、称讃浄土経は唐代の永徽《えいき》元年（六五〇）に玄奘《げんじょう》が漢訳したものである。内容は阿弥陀経と同様、称名念仏によって阿弥陀仏の浄土に往生できることと、それを諸仏が嘘いつわりでないと証明したことが記されている。

一遍が寄贈された称讃浄土経は当麻寺の重宝で、中将姫《ちゅうじょうひめ》の自筆の千巻のうちの一巻であるという。中将姫は当麻寺を建てた人といわれている。一遍は、中将姫は勢至菩薩の化身であるとの説もあり、特に貴重なものであると、以後ずっと大切に持ち歩いた。彼は亡くなる直前、書籍類を焼き捨ててしまったが、この経典は焼かずに、おりから訪ねてきた書写山の僧に渡している。

一遍は当麻寺において、あらためて信仰の誓いのことば（「誓願偈文《せいがんげもん》」）を書いた。それは次の文から始まる。

我弟子《われでし》等《ら》、願はくば今身より、未来際《みらいざい》を尽くすまで、身命《しんみよう》を惜しまず、本願に帰入し、畢命《ひつみよう》を期《ご》として、一向《いつこう》に称名し、善悪を説かず、善悪を行ぜず、（以下略）

私たち仏弟子は、ぜひ現在から、未来永劫《えいごう》に至るまで、この身この命を惜しまず、阿弥陀仏の慈悲にすがり、命のあるかぎり、ひたすら念仏を唱え、救いには役に立たない現世的なことはいわず、行ないもしません（以下略）。

この「誓願偈文」は、一遍自身に向けてより、ようやく矛盾を見せてきた時衆の集団に向けられたもののようである。ひたすら南無阿弥陀仏に生きるべきことを、あらためてうながしたのである。

石清水八幡宮から　みたび四天王寺へ

弘安九年（一二八六）冬、一遍は石清水八幡宮《いわしみずはちまんぐう》に参詣した。現在の京都府八幡市八幡高坊にある。山城国と河内国との境を背にした男山《おとこやま》にあるので、男山八幡宮ともいわれている。一遍はこの八幡宮への参詣で、八幡大菩薩の託宣を得た。それには、「自分ははるか昔に出家して法蔵と名のった。阿弥陀仏という名を得て、本身は極楽浄土に住んでいて、今は仮に姿を変えて人間の世界に来て、念仏を唱える人を護ろうとしている」とあったという。

続いて年末にみたび四天王寺に参詣した。ここで丹波国から来た山内入道を、叱りながら教え諭している。

教信寺

次に一遍は印南野《いなみの》の教信寺《きょうしんじ》に参詣した。現在の兵庫県加古川市野口町である。平安時代の初めに教信という念仏僧がいた。彼には妻子があり、村人に雇われて働き生計を立てていたが、日夜に念仏を唱えて絶えることがなかった。そこで彼は阿弥陀丸《あみだまる》と呼ばれていた。八十六歳で亡くなったとき、部屋のなかには香気が漂ったという。瑞相《ずいそう》である。また遺骸は犬に食べさせたという（『日本往生極楽記』二十二「僧《そう》勝如《しょうにょ》」）。彼は正式の僧ではなく、また妻子を抱える者でありながら、ひたすら念仏を唱えて往生したとして、諸往生伝や『今昔物語集』巻十五第十四話にも「播磨国賀古《かこ》駅《のうまや》教信往生」として取り上げられた。親鸞が教信を先達として尊敬していたことも知られている。教信寺は教信を開祖とする寺である。

一遍も教信を尊敬していて、教信の遺跡を懐かしく思いつつも、そのまま去る予定であった。しかし教信上人がお引き止めになったと、この寺で一晩泊まることになったという。また、この三年後、病気勝ちとなった一遍は、やがて臨終の地である兵庫の観音島から迎えが来るまでは、「いなみ野の辺にて臨終」しよう（『一遍聖絵』第十一巻第三段）と思っていたし、また臨終直前に自分の遺骸は「野にすてゝけだものにほどこすべし」と遺言している（同書第十二巻第三段）。晩年の一遍が強く教信にひきつけられたのは、その没後に何物をも残さない生き方であったと思われる。一遍は、自分が臨終したのちの時衆の生き方に、懸念を抱いていた。

書写山円教寺

弘安十年（一二八七）春、書写山円教寺に参詣した。現在の兵庫県姫路市にある。この寺は平安時代前期に法華経の行者であった性空《しょうくう》によって創建され、和泉式部・花山法皇・後白河法皇ら、多くの貴賤が参詣したことで知られている。関白の藤原道長や、『往生要集』を著わした源信、『日本往生極楽記』の著者の慶滋《よししげの》保胤《やすたね》も性空と親しかった。性空はまた、熱心な阿弥陀仏信仰者でもあった。

一遍は性空も尊敬しており、この寺の本尊を拝みたいと寺僧に頼んだが、円教寺で長期間修行を積んだ者でないと拝めないという規則であると、断わられた。あきらめきれない一遍は、次の四句の偈と和歌を作り、あらためて願い出た。

書写は即ち是れ解脱《げだつ》の山
　八葉妙法は心蓮の故に
性空は即ち是れ涅槃《ねはん》の聖《ひじり》
　六字の宝号は無生《むしょう》の故に

書写山は一切の迷いを離れた山です、なぜなら八枚の花びらのある蓮華の形をした聖地でありますから。性空は悟りをひらかれた聖です、なぜなら六字の名号は迷いの世界を離れていますので。

また、一遍の和歌は、

かきうつす　やまはたかねの　空にきえて
　ふでもおよばぬ　月ぞすみける

というものであった（『一遍聖絵』第九巻第四段）。「かきうつす　やま」すなわち書写山である。

寺僧はこの偈と和歌に心を動かされ、一遍は本尊を拝むことができて感激した。そのあとの感想。

上人の仏法修行の霊徳ことばもおよびがたし、諸国遊行の思いでたゞ当山巡礼にあり、性空上人が仏道修行によって積まれた尊い徳は、ことばで表現することができないくらい偉大である。私が全国を遊行してまわったなかで、ただこの書写山参詣だけが思い出に残るといってもよい。それくらい感激した。

一遍がこのように性空に心服したのは、法華経信仰や阿弥陀信仰もさることながら、「本性《ほんしょう》」が「空《くう》」という性空の名にもよろう。「性空」は、仏教（大乗仏教）の理想的境地である「空」そのものを示しているといえるのである。

一遍は臨終の直前、持ち歩いていた経典類を書写山の僧に渡している。これらの経典はその後どうなったのか、未詳である。

「別願和讃」　書写山を下ってから播磨国各地を布教し、松原八幡宮において念仏の和讃を作った。松原八幡宮は現在の兵庫県姫路市白浜町にあるから、書写山からそう遠くない所である。

一遍がこのときに作った和讃は「別願和讃《べつがんわさん》」と呼ばれる。阿弥陀仏の別願（特別の願い。

本願ともいう。阿弥陀仏には四八の別願がある）のうち、第十八の念仏往生の願についての和讃である。善導・法然・親鸞・証空・一遍、すべてこの第十八を根拠にして称名念仏の重要性を説いている。「別願和讃」は、『一遍聖絵』第九巻第四段、『遊行上人縁起絵』第三巻第一段、『一遍上人語録』上巻に出るが、前二書では全七〇句であるのに対し、『一遍上人語録』ではそのあとに一六句が加わり、全八六句になっている。その一六句は、内容的に見ても後世の人の作と考えられる。

「別願和讃」は、

身を観ずれば　水のあは
　きえぬるのちは　人ぞなき
命を思へば　月のかげ
　いでいるいきにぞ　とゞまらぬ

と、人のはかなさを説く句から始まり、地獄の恐ろしさ、従来の仏教が救いの役に立たないこと、念仏がすぐれていることなどを説いて、

はじめの一念　よりほかに
　最後の十念　なけれども

思《おも》をかさねて　始《はじめ》とし
　思のつくるを　をはりとす
思つきなむ　そのゝちに
　始をはりは　なけれども
仏も衆生も　ひとつにて
　南無阿弥陀仏とぞ申べき
はやく万事を　なげすてゝ
　一心に弥陀を　たのみつつ
南無阿弥陀仏と　いきたゆる
　これぞ思の　かぎりなる

と、その念仏についての考え方と唱え方を詳述する。このように唱えれば必ず阿弥陀仏が迎えてくださる、と結ぶのである。のちの時宗教団では「百利口語《ひやくりくご》」などいくつかの和讃が用いられたが、もっとも重要とされたのは「別願和讃」であった。

十二道具と十二光箱

遊行生活においては、いくら捨聖といっても、ある程度の日用生活品はある。一遍はこれを一二種類に限り、それを十二道具と呼んだ。引き入れ（飯を盛る椀鉢）・箸筒《はしづつ》・阿弥衣《あみえ》・袈裟《けさ》・帷《かたびら》・手巾《しゅきん》（手拭《てぬぐ》い）・帯《おび》・紙衣《かみこ》（紙で作った着物）・念珠《ねんじゅ》（数珠《じゅず》）・衣《ころも》・足駄《あしだ》（下駄《げた》）・頭巾《ずきん》である。そしてこれらを一二個の笈《おい》に入れ、時衆に背負わせ、これを十二光箱《じゅうにこうばこ》と呼んだ。

十二というのは、阿弥陀仏の光明の一二種類の功徳《くどく》に因むものである。これらの功徳により、阿弥陀仏は十二の異名を持っている。たとえば、「無量光仏」などである。無量寿経によると、阿弥陀仏の救いの智恵は量ることができないほど多いのでそう呼ばれたという。他に清浄光仏《しょうじょうこうぶつ》・歓喜光仏《かんぎこうぶつ》など、合わせて一二種である。

また、引き入れは、無量の生命が名号に込められていることを信じる心を表わすとし、無量光仏の徳を示す、と結びつける。他の道具についても、それぞれ十二光仏との関わりで説明する。捨聖一遍の集団にしては複雑なことになってきたが、集団を運営しようという考えに立つ以上、やむを得まい。しかし、本来の捨聖の立場からははずれている。そこで一遍は、自分の没後は、集団としての時衆が解散してくれることを望んだのである。

弘安十年（一二八七）は、備中国軽部《かるべ》の宿《しゅく》（岡山県都窪郡清音村）、備後国一宮（広島県芦

品郡新市町宮内)、安芸国厳島をめぐり、翌正応元年、四国に渡った。また故郷……である。

一遍の入滅

故郷をめぐる

三度目の故郷

遊行《ゆぎょう》の旅に出発してから、一遍が故郷に帰るのは三度目である。最初は熊野本宮に参籠《さんろう》して神託を得、「六十万人《ろくじゅうまんにん》の頌《じゅ》」「六字無生《ろくじむしょう》の頌《じゅ》」を作り、妻子を捨てて孤独になったとき。二度目は真教その他が入門し、時衆として引き連れるようになった直後。そのときから一〇年になるが、こんどはどのような目的だったのであろうか。

一遍は奥州江刺の祖父河野通信の墓に詣でているし、彼が捨聖《すてひじり》を標榜しつつも河野一族を忘れることができなかったことは明らかである。信濃国伴野《ともの》で踊り念仏が始まったのは、近親の追善のための念仏を熱心に行なったあまりに、という説もある。その根拠は、一遍の叔父の一人の河野通末が承久の乱で伴野に流され、そこで亡くなったと河野系図の一本にあることである。

出家して悟りを開いた釈迦は、まずゆかりのある者を済度しようと、故郷に帰った。一遍は阿弥陀仏とともに釈迦如来にも関心を持っているから、その生き方を学んだことは十分に考えられる。一遍自身、最初に故郷に帰ったとき、釈迦如来を手本にしたと聖戒に語っている。第三回目は、体力が弱ってきたために、今のうちにもう一度故郷を見ておこうというのではなかったろうか。

菅生の岩屋から繁多寺へ

伊予国へ入ると、一遍はまず懐かしい菅生の岩屋を訪ねた。このたびはそこに参籠することはなく、そのまま繁多寺《はたじ》へ移った。現在の愛媛県松山市畑寺町にある。この寺の創建には、孝謙天皇の勅願により行基が建立したという説、あるいは源頼義が天下太平のために伊予国内に建立した七ヵ寺のうちの一つ、という説などがある。頼義は伊予守であったことがあり、そのとき末子親清を婿《むこ》養子として河野親経に入れている。この寺の創建には親経が関わったとの説もあって、河野一族の一人として一遍は関心を持たざるを得ない。

一遍は繁多寺に三ヵ月参籠した。この間、父の河野通広から受け継いだ浄土三部経（阿弥陀経・無量寿経・観無量寿経）を奉納している。この経典は通広が長年にわたって所持していたもので、証空《しょうくう》や華台《けだい》のもとで直接読み方を習い、読誦の功徳を積んだものであるとされていた。

大三島の大山祇神社

菅生の岩屋の次に、一遍は海上に出て大山祇神社《おおやまつみじんじゃ》に参詣した。大山祇神社は河野氏の氏神である。この神社は大三島の愛媛県越智郡大三島町宮浦字榊山にある。本地垂迹説《ほんちすいじゃくせつ》によると、大山祇神は仏教でいう大通智勝仏《だいつうちしょうぶつ》であるという。日本の神々（垂迹）は、インドの仏菩薩（本地）が日本に来て、人びとを救うために姿を変えたものである、というのが本地垂迹説である。大通智勝仏とは、法華経の化城喩品《けじょうゆぼん》によると、過去三千塵点劫以前《かこさんぜんじんてんこういぜん》というはるか昔に現われて法華経を説いた仏である。この仏が出家する前の俗人のときに一六人の王子があった。彼らは出家し、そのなかの第九番目の王子が悟りを得て阿弥陀仏となり、第十六番目の王子が釈迦如来となったという。

大三島は、愛媛県の最北部にある島で、瀬戸内海でも特に島が密集している地域である。これらの群島を三島といい、その最大の島が大三島である。大山祇神社は、この大三島にあることから、大三島神社とか大三島宮などとも呼ばれる。本来は山の神であるというが、朝鮮半島から渡来してきたともいい、海上守護の神として有名であった。海賊（水軍）であった越智氏《おちし》とその分かれである河野氏は、代々この大山祇神社に篤い信仰を捧げていた。先祖の一人越智益躬《おちのますみ》も、大山祇神社の氏人《うじびと》であって、同時に熱心な仏道の修行者として知られていた。『日本往生極楽記』第三十六に「越智益躬」として、また『大日本国法華経験記《だいにほんこくほけきょうげんき》』第百十一巻に「伊予国越智益躬」として取り上げられている。いずれも、朝は法華経を読み、夕には念仏を唱えて無事に極楽浄土に往生したという話である。『一遍聖絵』第十巻第三段の一遍が大山祇神社に参詣したことを語るところにも、「一遍の先祖である越智益躬は三島神社の氏人である。幼いときから老人のときまで、朝廷に仕える場合は武器を取り、家に帰れば阿弥陀仏を崇敬して念仏を唱えていた。亡くなるときには臨終正念《りんじゅうしょうねん》で極楽往生を遂げた。そのときには空から妙なる音楽が聞こえ、人びとが益躬の家の庭に集まった」とある。ただここでは、益躬の法華経信仰の部分は省略している。

一遍の大山祇神社参詣

一遍は、正応元年（一二八八）十二月十六日に大山祇神社に参詣した。『一遍聖絵』には、大山祇神社の僧である長観や地頭代の平忠康その他の多くの人びとが、一遍に協力せよとの夢想を大山祇大明神から与えられ、一遍を歓迎したなどと詳しく記されている。

『一遍聖絵』を制作した聖戒が、一遍と大山祇神社との関係を大きく取り上げるのは当然である。しかし、ではなぜ、一遍の一生もそろそろ終わりという段になってから、このように綿密に記しているのであろう。一遍はどの程度大山祇神を尊崇していたのであろうか。このような観点から『一遍聖絵』を読み直してみると、神社側が一遍を大切にしていることはわかっても、逆の部分はほとんどない。あえていえば、聖戒は大山祇神を強く意識しているが、一遍にはそのような意識があったとは思われない。

善通寺と曼陀羅寺

続いて正応二年（一二八九）、一遍は讃岐国の善通寺《ぜんつうじ》と曼陀羅寺《まんだらじ》に参詣した。一遍の最後の年である。善通寺は香川県善通寺市善通寺町にある。ここは弘法大師空海の誕生地で、善通寺は空海の創建という。父佐伯善通《さえきよしみち》の屋敷を寺とし、その名を取って寺名としたものである。またこの寺は、いつのころからか東寺・金剛峰寺とともに弘法大師の三大霊場と呼ばれるようになっている。

平安時代末期の歌僧である西行も、保元の乱の一方の主人公である崇徳《すとく》上皇の墓である白峰陵を拝してから、善通寺・曼陀羅寺と参詣している。西行の歌集である『山家集《さんかしゅう》』には、詳しい詞書《ことばがき》をつけた善通寺付近の和歌が記されている。また法然も流罪地に向かうときにこの寺に立ち寄っているなど、古来から霊場として知られた寺である。

曼陀羅寺は善通寺のすぐ近く、善通寺市吉原町にある。ここは弘法大師の修行地で、出釈迦寺ともいわれている。佐伯氏の氏寺であった。西行は曼陀羅寺の山の行道所の庵に住み、

　今よりは　いとはじ命　あればこそ
　　かかるすまひの　あはれをも知れ

などの歌を詠んでいる。人里離れた山のなかでの静かな喜びの生活と、人恋しさとの間に揺れる西行の心をよく表わした歌である。

入滅の予感

　一遍は曼陀羅寺から阿波国に移動した。しかし、体力の衰えを自覚しているのであろう、彼は次のように発言する。『一遍聖絵』第十一巻第一段に、

　機縁すでにうすくなり、人教誡《きょうかい》をもちゐず。生涯いくばくならず、死期ちかきにあり、

とある。人は私の教えるところを大切にしてくれない。その私の寿命も尽きてきた。まもなく、死を迎える。

　なんとも弱気の発言である。しかし「人生は短く、芸術は長し」という格言に通ずる、一遍の実感であったのであろう。他人はなかなか自分の思うとおりには動いてくれない。

人の一生でできることは限りがある。

この年の六月一日、大鳥の里にいたときから、一遍はかなりの病気になり、それがしだいに進行した。一遍は、次のように詠んだ。

おもふこと　みなつきはてぬ　うしとみし
　よをばさながら　秋のはつかぜ

信仰のためにああもしたいこうもしたいと思ってきたけれど、もうまったくこだわる気持がなくなった。この世のなかは煩いが多いところと思ったが、今はさっぱりした気分で、まるで秋のさわやかな風が吹きはじめたように感じる。

まだ五十一歳であるけれど、入滅を予感した捨聖一遍の静かな心境である。しかし当然ながら時衆の動揺は大きかった。それでも一遍を中心にして、毎日の念仏その他の活動は怠りなく続けていた。

福良の泊

七月の初め、淡路島の福良《ふくら》の泊《とまり》に移った。兵庫県三原郡南淡町にある港である。「泊」というのは、港のことである。ここで一遍は、

きえやすき　いのちはみづの　あはぢしま
　山のはなから　月ぞさびしき

と、水の「泡」と「淡」路島とをかけた、一見さびしい歌を詠んでいる。ただ、「さびしい」ということばの意味は、鎌倉時代では現代とは異なるということを本書の初めのほうで述べた。さびしいから厭《いと》うのではなく、さびしいから喜びがあるのである。正確にいえば、さびしさに徹したところに、煩悩の原因である現世に対する執着を捨て切った、心の平安がある。このような観点から一遍の歌を観賞し直すと、あやうい現世の事がらを述べながら、静かな平安に向かうほんとうの喜びが感じられる。阿波国大鳥の里での和歌と共通した心境である。その心境は、名号への思いに徹したところに生じたものである。同じく福良の泊で詠んだ和歌。

あるじなき　みだのみなにぞ　むまれける
となへすてたる　あとの一声

「南無阿弥陀仏」の名号は、それ自身で独立した存在である。そのなかに自分は生まれたのだ。何にも執着せず、もちろん名号にも執着せず、一声唱え捨てたあとの「南無阿弥陀仏」の響き。そして耳に聞こえる、その響きの心地よさ。一遍はもう一つ、和歌を詠んでいる(『遊行上人縁起絵』第四巻第四段)。

名にかなふ　心は西に　うつせみの

もぬけはてたる　こゑぞすゞしき

一遍は「南無阿弥陀仏」の世界に生きている実感をすでに有していたのである。

こののち、一遍は志筑《しづき》の北野天神（兵庫県津名郡津名町志筑の志筑神社）などに参詣しつつ、対岸の明石《あかし》の浦に渡った。病気はますます悪くなっている。彼は教信の遺跡のある印南《いなみ》野《の》で入滅しようと思っていたが、兵庫の島から迎えが来たので、どこにいても念仏布教のためには変わりないと、兵庫に渡ってそこの観音堂に入った。

一遍の没とその後

兵庫島は、もと大輪田泊《おおわだのとまり》といい、平清盛が港を修築したことで有名である。現在でも清盛塚が残っている。一遍が入った観音堂は、そのころの光明福寺の一部で、今日の兵庫県神戸市兵庫区松原通の真光寺の位置にあったと考えられる。現在、真光寺には一遍の廟と一遍供養の五輪塔がある。

南無阿弥陀仏はうれしきか

観音堂に入ってからの一遍は、自分の没後の時衆や一般の信者たちへの配慮に心を砕いていた。一遍が重病と聞いて、各地に散在する有力な時衆が集まってきた。彼らは一遍の病気見舞いにきたのだけれど、口々に、「念仏を唱えることだけが往生の道とわかっていますが、でももう一度だけお教えを賜りたい」というのである。一遍は腹を立てた様子で、

「念仏についてわかっているといいながら、それは口だけで、実際には正しい意味がわかっておらず、ほんとうの信心も起こしていない者どもめ」という。そして真教に向かって、次のように問いかける（『遊行上人縁起絵』第四巻第五段）。

他阿弥陀仏、南無阿弥陀仏はうれしきか、

この問いに対して、真教はすぐ落涙し、一遍も同じように涙を流したという。このあたりの『遊行上人縁起絵』の記事は、真教がいかによく一遍の教えを理解し、一遍と心が通い合っていたかを記して、真教には一遍の後継者の資格があることを述べている。

一遍がいいたかったのは、往生の道はただ一つ、南無阿弥陀仏であり、それはくどくどと説明するべきことではないこと、である。そして、南無阿弥陀仏がうれしいと思えればそれでよいのである。すべてを捨て切って唱える南無阿弥陀仏は、来世に向かっては心の浮き立つような、現世では静かな心の喜びであった。それを一遍は「南無阿弥陀仏はうれしきか」という端的な表現で示したのである。そのことばを、理解してくれるはずとの信頼のもとに、真教に向かって発した。真教は感動して涙をこぼした。そしてこれは、見舞いにきた他の時衆の問に対する一遍の答えでもあったのである。

一遍が涙を流したのも、すぐ心を通い合わせることができたことに対する感動の気持からであろう。

一遍の遺誡

八月二日、一遍は少し気分がよくなり、多くの人たちを前にして縄床《じょうしょう》に座り、念仏の信仰にあたっての心構えを説いた。遺誡《ゆいかい》（遺言）である。

五蘊《ごうん》の中に衆生をやまする病なし、四大《しだい》の中に衆生をなやます煩悩なし、但本性《ただしほんしょう》の一念にそむきて五欲を家とし、三毒を食として、三悪道《さんまくどう》の苦患《くげん》をうくること、自業自《じごうじ》得果《とくか》の道理なり、しかあれば、みづから一念発心《いちねんほっしん》せずよりほかには、三世諸仏《さんぜしょぶつ》の慈悲も済《すく》うことあたはざるものなり、

われわれの体のなかには、教えにもとづいた正しい生活をしていれば、本来的には病気はない。同じように煩悩もない。しかし本来そうすべきである念仏を唱える気持を起こさず、欲望の家に住み、貪欲や怒りなどの毒を食物にしていては、三悪道に堕《お》ちて苦しむのは当然の結果である。したがって、ほんとうに自分から念仏を唱えようという気持を起こさなければ、過去・現在・未来の世のすべての仏の慈悲の力をもってしても、あなたを救うことはできない。

熱心な修行者であるはずの時衆のなかには、信仰心が浅く、ほんとうには名号の救いを信じていないと判断せざるを得ない者や、男女の愛欲に心を奪われる者が出てきている。

このような時衆に対し、一遍はさまざまな工夫をこらしてきたけれど、そのような時衆の出現を完全には防ぐことはできなかった。一遍にしてみれば、いらだたしい思いのときも多かったと思われる。なぜ救われようという気持を心から起こし、名号に対する深い信心を持ち続けようとしないのか。「みづから一念発心せずよりほかには、三世諸仏の慈悲も済ことあたはざるものなり」……これこそが入滅を前にした一遍がいい残したかったことばである。

後追い自殺を懸念

実は一遍は、遺誡を述べる前に、自分が亡くなったあとで後追い自殺するものがいるのではないかと心配していた。観音堂の目の前の海に身を投げての入水往生《じゅすいおうじょう》である。仏教の僧や信者が自殺することは古代から見られる。これを捨身往生《しゃしんおうじょう》といった。目的は、自分の身を仏に捧げて供養することであったり、あるいは仏の浄土に少しでも早く行こうとすることであったりする。後者は阿弥陀信仰の発展にともなうものであった。そのなかでも入水往生の例は多い。

鎌倉新仏教の祖師たちは、一様に捨身往生を否定している。人間が自分の力で悟りを得たり、極楽往生することはできないのであって、捨身往生は無駄死にでしかない。しかしそうはいっても、一遍のまわりでも捨身往生の世界が依然として広がっている。一遍が三度にわたって参詣した四天王寺は入水往生が盛んな所であった。一遍が駿河国で教えを説いたあぢさかの入道も、富士川で入水往生を遂げた。

まもなく遺誡を述べようという席で一遍はいう。「現世を捨て切った境地に入っている者であったら、入水往生しようとどうしようと問題ではない。しかし、執着が残っている者はそんなことをしてはいけない。せっかく仏道修行のできる人間に生まれてきたのに、無駄に命を落とすのは残念なことだ。遺誡を作ったのも、そのことを防止するためだ」。一遍の涙を流しての説法にもかかわらず、一遍入滅ののち、数人の時衆が海に沈んだのであった。

書籍を焼き捨てる

八月十日、一遍は時衆に「捨てる」こととはどのようなことか、もう一度徹底して教えようとした。まず、遊行の旅でここまで持参した経典少々を、たまたま来ていた書写山の僧に渡してしまった。そしてその他の書籍類を阿弥陀経を読みながら、自分の手で焼き捨てた。つまり一遍の遺品は、あらかじめ、何もないことになってしまったのである。なぜ一遍はこのようなことをしたのであろうか。

一遍は、自分の没後、時衆の誰かが後継者として立つことを嫌ったのである。捨聖の集団である時衆に、第二代の指導者などあってはいけない。それはすなわち、一遍の遺産に執着することになる。一遍の名のもとに時衆の集団が続いて行くこと自体、極楽往生に失敗する原因となる。たとえ後継者といった大げさなものでなくとも、一遍の遺品を所持することでさえ、一遍に執着することになろう。時衆は名号以外に心をとらわれてはいけないのである。

一遍は、常々、

我化導《わがけどう》は一期《いちご》ばかりぞ、

時衆の指導者は私だけで終わりだ、といっていた（『一遍聖絵』第十一巻第四段）。

仏教の一般的な師弟関係でいえば、一遍の生き方は常識外である。師匠は、能力があると認めた弟子には、自分の筆跡あるいは日常に使っていた品物を与えるのが普通である。弟子はそれをよすがにして師匠を敬い、心の支えにし、また後継者として今度は自分の弟子の教育にあたるのである。あの法然も、親鸞の能力を公式に認めたとき、秘密にしてきた自著『選択本願念仏集《せんちゃくほんがんねんぶつしゅう》』の筆写を許し、絵師に書かせた善導の肖像にみずから讃を記して、親鸞に与えたのである。

時衆が一遍の所持品を欲しいと思うのも無理はないのである。それを、一遍は全部手の届かないところへ送ってしまった。経典は書写山に、書籍は焼き捨てて。これでは、誰も後継者に立って残された時衆を導いていくことはできない。一遍の教えは、一遍とともになくなってしまうのかと、時衆たちは悲しんだ。だいたい、明日からどのようにして生きたらよいのか……このような不安も大きかったに違いない。しかし一遍はこれらの悲しみや不安を断ち切るかのように、次のような名言をはいた。一遍の伝記上、もっとも知られたことばの一つである。

一代聖教《いちだいしょうぎょう》みなつきて、南無阿弥陀仏になりはてぬ、

釈迦如来が一生の間に説かれた教えは、結局すべてが南無阿弥陀仏の名号に納まってしまったのだ。

このことばはさすがに時衆の感動を呼び、ひとまず動揺は収まった。

最後の踊り念仏

踊り念仏は、一遍が遊行の旅のなかでずっと行なってきたものであった。踊り念仏は、名号の救いの世界を目に見える形で表現したものということができる。そのために各地で行なってきた。場合によっては、今日の盆踊りの櫓《やぐら》にも似た踊り屋台を組み、その上で行なうこともあった。見物人が見やすいようにである。踊り念仏がずいぶん人気を博したことは、一遍といえば踊り念仏と今日にまで伝えられていることでもわかる。

その踊り念仏も一遍の生前で最後となった。八月二十一日、時衆は日中の法要ののち、観音堂の庭で踊り念仏を行なっていた。病床にある一遍はそれを知らず、何か話しておきたいことがあって、時衆を召集した。しかし踊り念仏中であると聞いて、「それではよく踊らせなさい」という。この踊り念仏の目的が鎮魂・鎮送であるとはとても考えられないということは、本書の踊り念仏の項で述べた。もし鎮魂・鎮送であれば、この場合の踊り念仏は一遍にとって非常に不吉な行ないということになってしまう。よく踊らせよ、などとはいえまい。

踊り念仏ののち、時衆を病床の前後に座らせ、一遍自身は頭を北に顔を西に向けて念仏を唱えた。いわゆる頭北西面《ずほくさいめん》は臨終の床の形である。観音堂の内外は大騒ぎになった。いやまだ臨終のときではないと、一遍は頭北西面の形を取るのをやめている。

最後の賦算

賦算は、踊り念仏より早く、まだ妻子を連れて遊行しているときからの布教方法であった。一遍は名号札を配った人数を記録していた。『一遍聖絵』第十二巻第二段によると、その人数は二五億一七二四人であるという。ただし、二五億はあまりに膨大すぎるので、これは二五万であろうとされている。人数を記録したノートを、「目録」(『一遍聖絵』)あるいは「算《さん》の集記《しゅうき》」(『呑海上人御法語《どんかいしょうにんごほうご》』)といった。賦算は、普通、「ふだを、くばる」と読むが、「かずを、とる」という読み方もあるのである。

さて一遍の賦算は、最後の踊り念仏のあった日に播磨の淡河殿《おうごどの》の妻の女性に名号札を与えたのが最後になった。淡河殿というのは、播磨国淡河荘（兵庫県神戸市北区淡河町）の領主である淡河時俊《おうごときとし》のことである。時俊は鎌倉幕府の執権である北条氏の一族で、北条時政の子時房《ときふさ》の系統である。この系統を時房流あるいは佐介《さすけ》流ともいう。佐介というのは、時房が住んでいた鎌倉の地名である。

佐介流の北条氏はもともと阿弥陀信仰に強い関心を寄せていた。『遊行上人縁起絵』第五巻第一段によれば、一遍の後継者を自称して立った他阿弥陀仏真教から最初の名号札を与えられたのは、右の淡河時俊である。しかも、はじめ真教は後継者などになるつもりはまったくなかった。一遍の遺志に従っていた。念仏を唱えながら臨終してしまおうと、淡河荘の南端にある丹生山に分け入っていたのである。そこを時俊が訪ね、救いを求めている者がいるのだからと説得し、時衆をまとめて一遍の後継者として立たせたのである。こうして淡河殿夫婦は、一遍の賦算を最後に受け、真教の賦算を最初に受けるという珍しい役割を果たしたことになる。

なお、淡河殿を、『太平記』第六巻に出る淡河左京亮時治、または同書第十一巻の佐介安芸守時俊あるいはその子の左京亮貞俊にあてる説もある。いずれも北条一族の佐介氏である。

一遍の入滅

このほか、八月十日から入滅に至る二週間のさまざまなできごとを、『一遍聖絵』と『遊行上人縁起絵』は詳しく述べている。そしてとうとう、八月二十三日の午前七時ころ、晨朝《じんちょう》の法要を行なっているときに亡くなった。一遍はこのとき法要に出席していて、座った姿のまま静かに息を引き取った。臨終の瞬間は誰にもわからなかった。一遍は前もって、

よき武士と道者《どうしゃ》とは死するさまをあだにしらせぬ事ぞ、我をはらむをば人しるまじきぞ、

といっていたという（『一遍聖絵』第十二巻第三段）から、そのとおりの入滅のありさまであった。享年五十一歳、念仏布教の遊行生活に入ってから一六年目であった。

一遍の廟堂建立

一遍は生前、時衆が自分の葬式を行なうのを禁止していた。「遺骸は野原に捨てて獣に与えるように」、しかし俗人の人たちが葬式を行ないたいというのなら、それはかまわない、ということであった。この結果、一遍の遺骸は俗人の人たちの主導で観音堂の前の松のもとで荼毘《だび》に付され、墓所が設けられた。そこに

は一遍廟《びょう》が建てられ、等身大の一遍立像が安置された。また廟の脇には二メートル近い一遍供養の五輪塔《ごりんのとう》も立てられたのである。

やがて一遍廟を中心にして、時宗の真光寺が作られて現在に至っている。ここには一遍に関するなんらかの資料も伝えられたと考えられるのであるが、第二次大戦末期の連合軍による神戸爆撃で全焼し、灰燼《かいじん》に帰した。その後真光寺は再建されたけれど、今はこの一遍立像の姿を偲ぶよすがもない。

その後の時衆

一遍が亡くなったあとの時衆は、入水往生する者、山に入って臨終しようとする者、どこともなく去っていく者など、さまざまであった。しかし、その多くは一遍の信仰を受け継いで生きたいと思っていた。そのために時衆をまとめてくれる人の出現を望んでいた。それに、現実的なことをいえば、明日からどのようにして生活の糧を得ていったらよいのか。時衆の集団が続いてくれるにこしたことはない。

こうして、真教が一遍の後継者として立ったとき、多くの時衆や俗人がそのもとに集まってきたのである。以後、真教の系統の時衆の指導者は代々、他阿弥陀仏を称し、遊行上人と呼ばれた。聖戒は真教とは行動を一緒にせず、京都を中心にして念仏を説く生活に入った。その後、時衆は全国的に活動し、十三世紀末から十五世紀初めころまでが全盛期であった。時衆はいくつかの派に分かれ、それは一二派あったというが、最大の派は真教の系統の一つである遊行派《ゆぎょうは》であった。聖戒の系統は、六条派《ろくじょうは》または歓喜光寺派《かんぎこうじは》と呼ばれた。現在では時宗として全部が一つにまとまっている。末寺四百余の小教団である。本山（宗務所）は神奈川県藤沢市西富の清浄光寺《しょうじょうこうじ》（遊行寺）である。

『一遍聖絵』の成立

いくら一遍が自分に関する執着をなくすように時衆や俗人に強調しても、相手の側ではそうはいかない。まして鎌倉時代は祖師信仰の強い時代である。以前とは異なる正しい信仰を教えてくれたのは祖師であるからと、法然・道元・親鸞・日蓮らへの崇拝が増すのである。一遍と時衆の場合も同様である。

時衆において、一遍の伝記制作を完成させたのは、まず聖戒であった。それが『一遍聖絵』である。一遍没後ちょうど一〇年目の正安元年（一二九九）のことであった。『一遍聖絵』は、全一二巻、阿弥陀仏の本願の数にちなんで四八段からなる。絹本着色、縦三八チセン、横は全体で一一六メートル、貴族の援助によって完成されたと考えられる豪華版で、国宝となっている。

聖戒は一遍の近い血縁者と考えられ、まだ十代の前半から一遍に従った。途中でそれが途切れたとはいうものの、また一遍の遊行と行動をともにした。そのためであろう、人間一遍へ聖戒の個人的な愛情の気持が強く、『一遍聖絵』はその観点から制作された。このことは、詞書の最後の部分に、一遍の恩に報い、その遺徳を讃えるとして、その制作目的が明示されている。

『一遍聖絵』が、経済的・技術的な面で貴族の援助によって作られたことはまず間違いないが、その貴族の名前はいまだ特定できていない。従来の説は聖戒を開山とする歓喜光寺の「開山弥阿上人行状《かいさんみあしょうにんぎょうじょう》」の記事を参考に、関白九条忠教とする説が主流であった。しかし近年では、『一遍聖絵』に出る貴族の大半が土御門《つちみかど》家周辺の人びとであることなどから、土御門一族の有力者とする説がかなりの説得力をもって登場してきている。

『一遍聖絵』は詞書・絵ともに信憑性が高いと判断され、一遍の伝記と信仰に関してもっとも基本にすべき史料である。

『遊行上人縁起絵』の成立

『遊行上人縁起絵』は『一遍聖絵』とほぼ同等の史料的価値を有する伝記絵巻である。全一〇巻四三段。前半の四巻一七段は一遍の伝記であるが、後半の六巻二六段は真教の伝記である。従来は『一遍上人絵詞伝《えしでん》』と呼ばれていたが、近年では多くの場合に『遊行上人縁起絵』と通称される。なぜなら、本絵巻は一遍だけの伝記ではなく、分量的にはむしろ真教の伝記のほうが多い。そこで両者に共通する「遊行上人」の名称を取ってそう呼ぶことにしたのである。ただし本絵巻の原本は失われ、現在、鎌倉時代から江戸時代にわたる模本が二十数本残っている。

本絵巻は、真教が一遍の正しい後継者であると説くことに制作の目的があったと考えられる。前半の一遍伝は、『一遍聖絵』に準じており、ほぼ同文の詞書や類似した絵もある。本絵巻は嘉元元年（一三〇三）の記事で終わっており、また徳治二年（一三〇七）に模本の一本が作られているので、この間に『一遍聖絵』を参考にしながら制作されたものと考えられる。

制作者は、模本の数本の奥書（原本の奥書を写したもの）によって、「宗俊《むねとし》」あるいは「平 宗俊《たいらのむねとし》」（真光寺本）または「池 刑部大輔《いけのぎょうぶたゆう》」（京都・金蓮寺《こんれんじ》）などとある。近年、佐介流の北条氏ではないかとの説が出ている（北条氏の正式の姓は平）。

『一遍上人縁起絵』の成立

一遍の伝記を描いた絵巻物には、もう一つ、『一遍上人縁起絵』と呼ばれるものがあった。全一〇巻。真教が掃部助入道心性《かもんのすけにゅうどうしんしょう》とその子藤原有重に描かせて、嘉元四年（一三〇六）六月一日、熊野神社に奉納した絵巻である。しかし現存はしておらず、真教が奉納の由来を説明した「奉納縁起記」だけが江戸時代の木版本で残っている。

一遍の伝記としては、他に『一遍上人行状』『一遍上人年譜略』その他があるが、いずれも江戸時代に入ってからの成立と考えられる。

『一遍上人語録』の成立

一遍の法語・書状・和讃・和歌を集めたもの。上下二巻。江戸時代の宝暦十三年（一七六三）、遊行上人の第五十二代である他阿一海の編集である（江戸時代以降、「他阿弥陀仏」は「他阿」と略称されることが多くなり、やがてこれが正式の法号となった）。上巻は『一遍聖絵』『遊行上人縁起絵』に題材を求めて、別願和讃《べつがんわさん》・百利口語《ひやくりくご》（和讃）・誓願偈文《せいがんげもん》・時衆制誡《じしゅうせいかい》・道具秘釈《どうぐひしゃく》（十二道具の解説）・消息法語《しょうそくほうご》一〇ヵ条・偈頌和歌《げじゅわか》として漢文体の偈七点、および和歌多数で編集されている。ただし出典不明の法語もある。下巻には「門人伝説」と題して、『播州法語集《ばんしゅうほうごしゅう》』にある法語が一一〇ヵ条あまり収録されている。

『播州法語集』は一遍の弟子の持阿弥陀仏《じあみだぶつ》らが、一遍が播磨国の弘嶺八幡宮《ひろみねはちまんぐう》（兵庫県姫路市内に現存する広峯八幡宮のことと推定される）で説いた教えを集めたものという。もっとも古い写本は鎌倉末期か南北朝時代ころの筆写である金沢文庫所蔵本である。『一遍聖絵』『遊行上人縁起絵』に載せる一遍の法語や書状の文と、『播州法語集』所載の法語の文と重なることはない。したがって『播州法語集』は前二書とは別系統の編纂物であることがわかる。

一遍の遺骨出現

一遍供養の五輪塔は、十六世紀末に京阪神地区を襲った慶長の大地震で倒れてしまった。石そのものにはほとんど被害がなかったので、立て直された。ところが五〇〇年後の一九九五年一月十七日、阪神・淡路大震災により再び転倒した。数日後、惨状を心配して見まわりにきた神戸市の文化財保護の関係者によって、転倒した五輪塔のそばに散乱する一遍の遺骨と骨壺とが発見されたのである。

知らせを聞いた私は、大震災の惨状のなかをさっそく駆けつけた。転倒したままの五輪塔と割れた骨壺・遺骨とを見ながら私はとても緊張していた。骨壺は水輪（五輪塔の五段あるうちの下から二番目の球状の石）にうがたれた直径約三一センチ、深さ約一五センチの穴のなかに納められていた。骨壺は、灰褐色の備前焼《びぜんやき》と地元産の赤褐色の土師器《はじき》との二種類があった。この備前焼は、口縁の直径約七センチ、胴部の最大径約一〇センチ、高さ約九センチ、十六世紀以後のものと鑑定されたか。最大で八ミリから九ミリの数点の骨片は、発見されたときには備前焼の骨壺に納められていた。慶長の大地震により割れた土師器の骨壺に替えて、備前焼の骨壺に納められたのであろう。

転倒前の一遍供養の五輪塔（現在は復興されている）

一遍の遺骨（砂にまじっている）と二種類の骨壺

異論もあろうけれど、私は諸史料を考え合わせて、この骨片は一遍の遺骨と判断してもよいと思っている。それにしても、二種類の骨壺は五輪塔にわざわざ納めたものにしては、いかにも質素である。備前焼にしても、日常雑器のような簡素な造りである。いくら捨聖であっても、踊り念仏で鎌倉時代の人びとを熱狂させ、庶民ばかりでなく貴族層にも多くの支持者を得た一遍にしては貧しいと思う人もいるであろう。

現代に生きる一遍

けれど、一遍の葬式を取り仕切った俗人、さらにはそれに立ち合ったであろう時衆は、一遍の信仰の精神をよく理解していたというべきである。豪華にすればできたのに、そうはしなかった。はっきりいえば、真光寺の本堂に安置された土師器の骨壺は、これ以上はないというくらい貧しかった。しかし、この貧しさこそ、捨聖一遍そのものではなかろうか。捨てることによる喜びを説いた一遍である。

考えてみるまでもなく、同じ鎌倉仏教の祖師たち、法然にしても、親鸞、道元、日蓮にしても、皆、物質的な裕福さを求めてはいなかった。精神の豊かさ、心の幸せを説いていたのである。ひるがえって、現代の私たちはつい最近までバブル景気に目の色を変えていた。それをあたり前として怪しまなかった。バブルがはじけて、行き惑う私たち。毎日の

ように マスコミで明らかにされる、金にまつわる汚職。衣食住の贅沢に狂奔しすぎた結果の、汚く、そして辛《つら》い昨今。これから私たちはいかに生きていけばよいのか。一遍の遺骨の出現は、一遍が過去の人ではなく、現在に生きて今日の私たちに明日への方向を指し示してくれているように見えるのである。

あとがき

私はここ一〇年来、日米文化交流史も手がけている。その立場からみれば近年の日本とアメリカとの関係を次のようにいうことができるだろう。すなわち、経済力の衰えてきたアメリカに対し、バブル真っ最中の日本が分不相応にもアメリカの生活文化に干渉しているうち、いつのまにかアメリカ経済は回復に向かい、日本は底なしの経済不況に陥ってしまった。他人の生活に口を出すどころか、いま私たちの身の回りに問題は山積し、私たちは将来の見とおしのたたない状況下にある。ここに至った大きな原因の一つに、カネへの執着、モノへの執着のいきすぎた風潮があったことは明らかである。日本が立ち直るためには、現在とは違う先人の生き方に学ぶことが必要なのではなかろうか。それは執着を積極的に捨てていく生き方であり、捨聖と呼ばれた中世の念仏聖の一遍にその典型をみることができる。

このような観点から執筆したのが本書『捨聖　一遍』である。私は本書で、質素倹約を重んじたかつての日本人（日本列島に住んだ全員がそうだとはいわないが）の、さらにその奥にある中世の「捨てる」思想の持つ意味を問い直してみたかった。当時、「捨てる」ことは来世への期待の光であるのみならず、現世を照らす希望の光でもあった。一遍は「捨てる」思想を体現していたのである。

一遍研究の立場からいえば、本書は「捨てる」思想の分析をとおして、一遍の本質に迫ろうと試みたものである。一遍研究に手を染めてすでに三〇年、いまだ一遍を把握できたとは思わないが、私にこのような研究を続けさせてくださっている一遍上人にはただ感謝あるのみである。

本書の完成にあたって、編集部の大岩由明さん・岡庭由佳さんにお世話になったことにお礼を申しあげたい。また、原稿の校正を筑波大学大学院博士課程の小山聡子さんにも手伝っていただいた。あわせてお礼を申しあげたい。

平成十年十一月三日

今井雅晴

著者紹介
一九四二年、東京都に生まれる
一九七七年、東京教育大学大学院文学研究科博士課程修了、文学博士
現在、筑波大学歴史・人類学系教授
主要著書
時宗成立史の研究　中世社会と時宗の研究
一遍―放浪する時衆の祖―　鎌倉新仏教の研究
親鸞

歴史文化ライブラリー
61

捨聖《すてひじり》一《いっ》遍《ぺん》

一九九九年三月一日　第一刷発行

著者　今《いま》井《い》雅《まさ》晴《はる》

発行者　吉川圭三

発行所　株式会社 吉川弘文館
東京都文京区本郷七丁目二番八号
郵便番号一一三―〇〇三三
電話〇三―三八一三―九一五一〈代表〉
振替口座〇〇一〇〇―五―二四四
印刷＝平文社　製本＝ナショナル製本
装幀＝山崎　登（日本デザインセンター）

歴史文化ライブラリー

1996.10

刊行のことば

現今の日本および国際社会は、さまざまな面で大変動の時代を迎えておりますが、近づきつつある二十一世紀は人類史の到達点として、物質的な繁栄のみならず文化や自然・社会環境を謳歌できる平和な社会でなければなりません。しかしながら高度成長・技術革新にともなう急激な変貌は「自己本位な刹那主義」の風潮を生みだし、先人が築いてきた歴史や文化に学ぶ余裕もなく、いまだ明るい人類の将来が展望できていないようにも見えます。このような状況を踏まえ、よりよい二十一世紀社会を築くために、人類誕生から現在に至る「人類の遺産・教訓」としてのあらゆる分野の歴史と文化を「歴史文化ライブラリー」として刊行することといたしました。

小社は、安政四年（一八五七）の創業以来、一貫して歴史学を中心とした専門出版社として書籍を刊行しつづけてまいりました。その経験を生かし、学問成果にもとづいた本叢書を刊行し社会的要請に応えて行きたいと考えております。

現代は、マスメディアが発達した高度情報化社会といわれますが、私どもはあくまでも活字を主体とした出版こそ、ものの本質を考える基礎と信じ、本叢書をとおして社会に訴えてまいりたいと思います。これから生まれでる一冊一冊が、それぞれの読者を知的冒険の旅へと誘い、希望に満ちた人類の未来を構築する糧となれば幸いです。

吉川弘文館

〈オンデマンド版〉

捨聖《すてひじり》一《いっ》遍《ぺん》

On Demand

歴史文化ライブラリー
61

2017年（平成29）10月1日　発行

著　者　今《いま》井《い》雅《まさ》晴《はる》

発行者　吉川道郎

発行所　株式会社 吉川弘文館
〒113-0033　東京都文京区本郷7丁目2番8号
TEL　03-3813-9151〈代表〉
URL　http://www.yoshikawa-k.co.jp/

印刷・製本　大日本印刷株式会社

装　幀　清水良洋・宮崎萌美

今井雅晴（1942〜）

ISBN978-4-642-75461-3